JN191114

松山大学研究叢書第117巻

市川虎彦
［著］

四国はどうなる

地域社会学で見通す四国のゆくえ

実生社

はじめに

日本を構成する主要4島の中で、四国というと、どうしてもマイナーな感じが否めない。北海道や九州は明瞭なイメージを与え、札幌市や福岡市という大都会があり、世界遺産をはじめ、日本を代表する観光地やご当地料理を有している。一方、四国となると、さぬきうどんや「土佐人＝酒豪」のイメージぐらいしかなく、大都市もなければ世界遺産もない。あまり人々の意識にのぼらない場所であって、高松市と松山市を混同している人すら、けっこういるのではないかと思っている。私自身、原子力発電所の高レベル放射性廃棄物最終処分場関連イベントの前の昼食会で、さる有名な女性キャスターが「愛媛って、讃岐うどんが有名なんですよね」と発言して、その場を凍りつかせた場面に居合わせたことがある。日夜、全国ニュースを取り扱っている人でも取り違えるのか、と“辺境”の悲哀を感じたものである。

第10章と関連するが、私が中学生から大学生だった頃は、蔦文也監督率いる徳島県立池田高校が全盛時代であったこともあり、四国というと高校野球の強いところというイメージがあった。私と同年代の方ならば、わかっていただけると思う。高知商、高知高、明徳義塾、宇和島東、松山商、尽誠学園などといった常連校が甲子園で活躍していた。大学のコンパで、脇町高校出身の先輩が「たたえよ池高、輝く池高」と、なぜか池田高校の校歌を歌っていたことが思い出される。それも近年は、近畿地方の私立高にお株を奪われて、やや精彩を欠いているような気がする。

大学の講義では、「四国4県で人口約400万人、おぼえやすいでしょ」とよく言ってきたものだが、今では1割減の360万人ほどになってしまった。4県束になって静岡県程度の人口規模である。面積は1万8,789㎢。岩手県（1万5,279㎢）より、やや広い程度ということになる。この小規模さも、存在感の薄さにつながっていると思われる。

しかし、狭い地域でも、様々な社会現象が生じているし、時に耳目を集める事件も生じる。本書は、そんな四国について、この10年ぐらいの間に執筆した文章の中から選んだもので構成されている。一つひとつは独立しているので、どこからお読みいただいてもかまわない。本書をお読みいただき、少しでも四国に興味関心を抱いていただければ望外の喜びである。

なお、時評的な文章もあり、執筆時点から変化が生じている部分に関しては、「追記」という形でその後の推移を補っていることをお断りしておく。

2024年10月

市 川 虎 彦

もくじ

第1部　地域活性化は誰のため

第3部　四国の社会問題

第4部　四国の文化社会学

第5部　四国の注目選挙

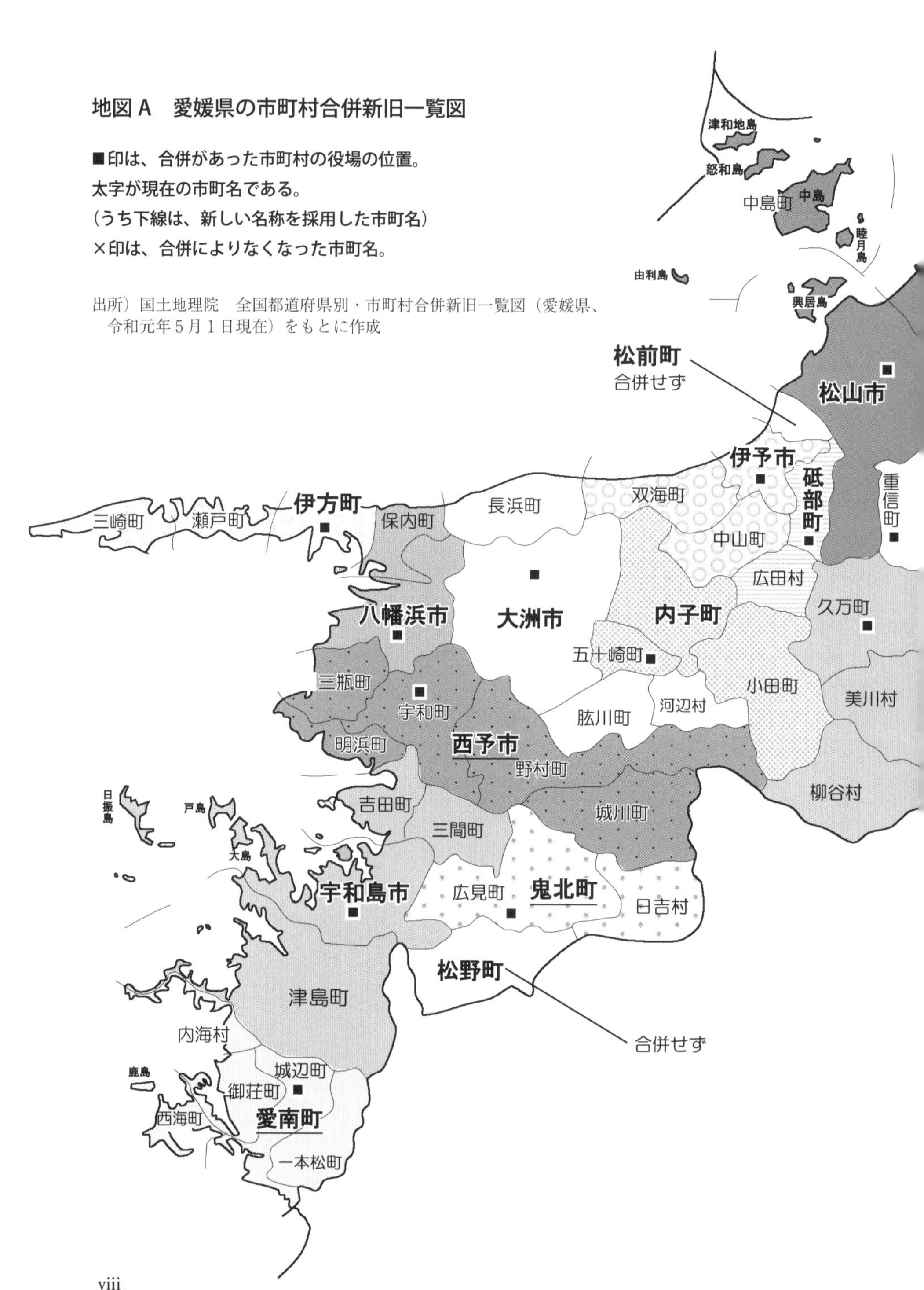

地図A　愛媛県の市町村合併新旧一覧図

■印は、合併があった市町村の役場の位置。
太字が現在の市町名である。
（うち下線は、新しい名称を採用した市町名）
×印は、合併によりなくなった市町名。

出所）国土地理院　全国都道府県別・市町村合併新旧一覧図（愛媛県、令和元年５月１日現在）をもとに作成

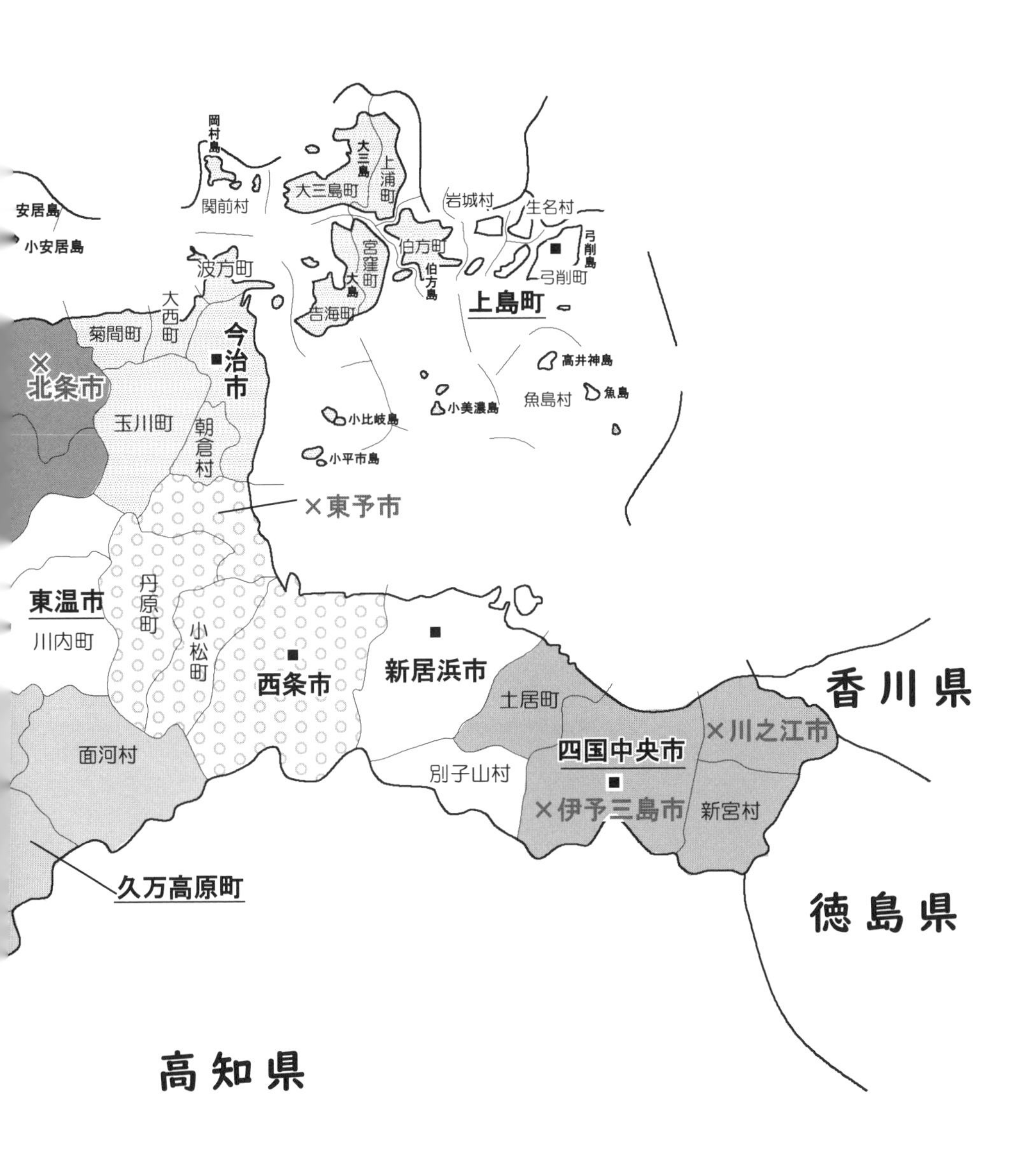
岡村島
大三島
上浦町
大三島町
関前村
安居島
小安居島
岩城村
生名村
弓削島
宮窪町
伯方町
伯方島
大島
波方町
弓削町
上島町
大西町
吉海町
菊間町
今治市
高井神島
×北条市
魚島村
魚島
玉川町
朝倉村
小比岐島
小美濃島
小平市島
×東予市
東温市
丹原町
小松町
川内町
西条市
新居浜市
香川県
土居町
×川之江市
四国中央市
面河村
別子山村
×伊予三島市
新宮村
久万高原町
徳島県
高知県

第1部

地域活性化は誰のため

第 1 章

「地域活性化」を再考する
——人口と雇用の観点から

1　地域活性化論の定型化

2001 年から 2006 年まで続いた小泉純一郎内閣が推進した構造改革路線や地方財政に関する三位一体の改革以降、地方に対する公共投資は削減され、地方交付税交付金等の配分も減少した。逆に、グローバル化の進展にともない、工場閉鎖・撤退等で地方から雇用が失われていった。「地方」が論議される際には、その衰退や首都圏などとの地域間格差の拡大にふれないわけにはいかないような状況が生まれている[(1)]。

その一方で、今日、地域の「活性化」や「再生」や「改革」を主題にした書籍が、多く刊行されている。これは、地方が衰退している時代だからこそ起こる現象だといえるのかもしれない。これらの地域活性化論は、ある種の定型化が進んでいるように思える。地域を活性化へと導くであろう経験則とそれにもとづく成功事例の報告という組み合わせである。例えば、地域活性化を主題にした講演会等でよく耳にする経験則に、「若者、よそ者、ばか者論」というものがあった[(2)]。地域活性化が成功するには、活力のある若者と地元の人間がもっていない新鮮な視点や柔軟な発想をもつ外部から来た者と周囲の反対や無関心をものともしない変わり者が必要だという議論である。

また、地域活性化の成功事例として取り上げられる街の“常連”には、例えば香川県高松市、滋賀県長浜市、青森県青森市などがあった。高松市は、丸亀町商店街の定期借地権を活用した再開発で、長浜市は黒壁の街なみと株式会社黒壁による地域活性化策で、青森市は再開発ビル「アウガ」とコンパクトシティづくりで、それぞれ名を馳せてきた(3)。

このように、活性化への道筋が示され、そのお手本としてあまたの成功事例が報告されているのにもかかわらず、「地方」「地方都市」といえば、その枕詞はあいかわらず「疲弊」であり、「衰退」である。そして、その象徴は「シャッター街」なのである。これはどうしたわけなのであろうか。地域再生プランナーの久繁哲之介も、ほぼ同様の疑問を呈している。そして久繁は、地域活性化の成功事例が数多く報告され、各地で地域活性化への取り組みがなされているのにもかかわらず、地方都市の衰退が止まらない理由を2つ挙げている。第1に「専門家が推奨する成功事例のほとんどが、実は成功していない」、第2に「稀にある「本当の成功」は、異国や昔の古い話であり、しかも模倣がきわめて難しい」(久繁, 2010, p.10)というのである。

富山市の場合

地域活性化論が成功例だと喧伝する事例が、実は成功していないという久繁の指摘は、興味深い。そのことを富山市の例でみてみたい。富山市は、富山県の県庁所在都市である。富山市もまた、路面電車(ライトレール)を導入してコンパクトシティづくりに取り組んでいる街として、地域活性化の事例によくとりあげられてきた市である(4)。また、2007年2月、改正中心市街地活性化法の下で、その中心市街地活性化計画が認められた最初の都市にもなっている。そのようなこともあり、日本各地から視察の人々が訪れているようである。

しかし、久繁の目に映った富山市の現状は、以下のとおりである。「富山市の街中には未利用地が非常に多い。とくに、繁華街「総曲輪(そうがわ)」には二つの大きな廃墟ビルがある」「他にも広い空き地や駐車場が街中に点在する。総曲輪などアーケードで覆われた商店街は空き店舗が非常に多く、日中なのに真っ暗な商店街もある」(久繁, 2010, p.150)というのである。

富山市在住の長谷川計も、富山市の中心市街地について、「予備知識なく富山市中心市街地を訪れたら、街としてはきれいだし、コンパクトな街づくりにふさわしいインフラは整備されていることに驚くはずである。でも、そうした街にもかかわらず、寂れている事実には、もっと驚くはずだ。官主導の仕掛けに対し、住民は正直だ。こんなにインフラが整っているにもかかわらず、これまでのライフスタイルを一変させることはなく、中心市街地をあまり利用せず、相変わらず中心市街地が寂れている」（長谷川，2013，p.201）と述べる。実際、中心市街地活性化計画の第 1 期終了後の 2012 年に公表された達成率は、以下のとおりであったという。「富山市中心市街地活性化基本計画の数値目標の三つである「路面電車乗車人員」は目標達成率八五％、「中心市街地歩行者通行量」は目標達成率六三％、「中心市街地居住人口」は目標達成率八九％という結果」（長谷川，2013，p.200）であり、いずれの数値も目標未達成であった。長谷川は、「やる気のない幹部がいる商店街は、本来は自然淘汰されるはずである。しかし、富山市の場合はそうではない。中心市街地活性化基本計画一号認定されるなど、全国的に脚光を浴びてしまった以上、「活性化は無理でした」ではすまない。商店街が望んでいようがいまいが、富山市は公的資金を投入して振興する。まさに視察病であろう」（長谷川，2013，p.199）と、富山市の施策を批判している。

人口面から富山市をみると、どうであろうか。富山市は、2005 年 4 月 1 日、大野沢町・大山町・八尾町・婦中町・山田村・細入村の 7 市町村で新設合併を行った。2005 年の国勢調査によると富山市の人口は 42 万 1,239 人である。2020 年国勢調査では 41 万 3,938 人と、人口減少している。旧富山市の人口をみると、2005 年が 32 万 1,916 人で、2020 年が 32 万 1,666 人と、ほぼ横ばいである。注目すべきは旧婦中町の人口で、2005 年が 3 万 6,231 人であったのに対し、2020 年になると 4 万 803 人と、4 万人を突破している。10％以上の人口増であり、合併後に宅地開発が進んだことがわかる。コンパクトシティ化を進めているお手本のように言われている富山市であるのだけれども、実は郊外開発も止んでいないのである。

富山市の場合、長谷川が指摘したように活性化計画に掲げた数値目標の達成率の面でも、人口の増減の面でも、手放しで地域活性化の成功事例とするには疑問の余地があることがわかる。では、地域が活性化するとはどういうことなのか。以下において、愛媛県の市町村を例に、人口という客観的な尺度から、その地域活性化策を見直していくことにしたい。まず第2節では、愛媛県内はもとより、全国的にも地域活性化やまちづくりの成功例として知られる内子町と旧双海町を検証する。次に第3節で、隣接する小規模都市である八幡浜市と大洲市の戦後の軌跡を比較検討してみたい。第4節では、これまで地域活性化の事例として注目されることのなかった南宇和郡を俎上にのせてみることにする。最後に、これらの検証から、これまでの地域活性化論の偏向について論じてみることにする。

2 まちづくりの成功例の現実
── 旧双海町・内子町

四国の愛媛県に目を転じてみたい。愛媛県において、まちづくりの成功事例として全国的に知られているのは、なんといっても双海町（現在は伊予市の一部）と内子町であろう。

双海町は、愛媛県の県庁所在地松山市から南西に約30kmの距離にあり、伊予灘に面した町である。旧双海町は、町役場職員の若松進一を中心に、「夕日」を活かしたまちづくりに取り組んできた地域である。伊予灘に沈んでいく夕日の美しさをまちづくりの核に据え、「しずむ夕日が立ちどまるまち」を謳い文句に地域おこしを進めていった。海岸に、「ふたみシーサイド公園」を造成し、その中には「夕日のミュージアム」もつくられている。双海町の海岸沿いを走る国道378号線は「ゆうやけこやけライン」の愛称がつけられ、海に最も近い駅とされるJR下灘駅では「夕焼けプラットホームコンサート」が開催されている。このまちづくりは、全国的にも成功事例と評価されるものであった[5]。また、これを主導した若松進一は、観光庁の「観光カリスマ」にも選ばれている。

一方の内子町は、松山市から南西へ約40kmのところにある。町の北側は、一部が双海町と境を接している。こちらは山間のまちである。内子町は、江戸時代後期から明治にかけて、木蝋の生産によって繁栄した。この繁栄の名残

地図 双海町、内子町の位置

出所）地図Ａより作成

写真 内子町の町並み（内子座）

出所）内子町ビジターセンター提供

が、八日市地区の商家群である。内子町では、町役場職員の岡田文淑を中心に、1970年代から歴史的な町並みの保存への取り組みがなされた。この取り組みが功を奏し、1982年に重要伝統的建造物群保存地区への指定に至った。1983年には、伝建地区近くの内子座（1916年建設の歌舞伎劇場＝写真）の修復工事が行われ、新たな観光資源となっている。こうした取り組みが評価され、内子町のまちづくりは、「サントリー地域文化賞」などを受賞している（諸富, 2010, p.144）。まちづくりは、この伝統的な景観保護にとどまらず、農産物直売所「内子フレッシュパークからり」による地域振興もそれに続いた。「からり」は1993年から施設整備が始められた。単なる農産物直売所ではなく、農産物を加工する工房やその販売所、飲食施設などを併設している。第３セクター方式で運営され、多くの集客がある。また「からり」は、経済産業省と農林水産省共同の農工商連携88選などにも選ばれている（安田・才原, 2011, p.172）。

諸富徹は内子のまちづくりを高く評価し、「自らが保有する地域固有資源を活用し、それに磨きをかけていくなかで観光業、農業の活性化をはかり、そこで得た富をさらに再投資して地域をよくしていくという好循環（内発的発展）をつくりだしている」とした上で、「中山間地域における持続可能な発展の実例であり、一つの有力なモデルとして位置づけたい」（諸富, 2010, p.166）と述べている。諸富は、地域固有の資源を活用した地域振興を「内子町モデル」と

表1－1　旧双海町・旧内子町・旧御荘町・旧一本松町の人口の推移（人）

年	双海町	内子町	御荘町	一本松町
1960	9,951	19,790	11,401	5,803
1965	9,102	17,152	10,631	4,733
1970	8,059	15,122	9,615	4,229
1975	7,500	13,818	9,800	4,151
1980	7,164	13,415	10,136	4,123
1985	6,752	12,760	10,268	4,211
1990	6,347	12,147	10,039	4,122
1995	5,893	11,802	9,944	4,167
2000	5,417	11,231	9,656	4,256
2005	4,977	10,559	8,959	4,031
2010	4,414	9,813	8,219	3,751
2015	3,962	9,272	7,548	3,574
2020	3,381	8,533	6,705	3,322

出所）愛媛県『統計からみた市町村のすがた』、『統計からみた市町のすがた』各年度版より作成

注）内子町のデータは、2005年以降も旧町域の数値（旧五十崎町・旧小田町は含まない）

図1－1　旧双海町・旧内子町・旧御荘町・旧一本松町の人口の推移（人）

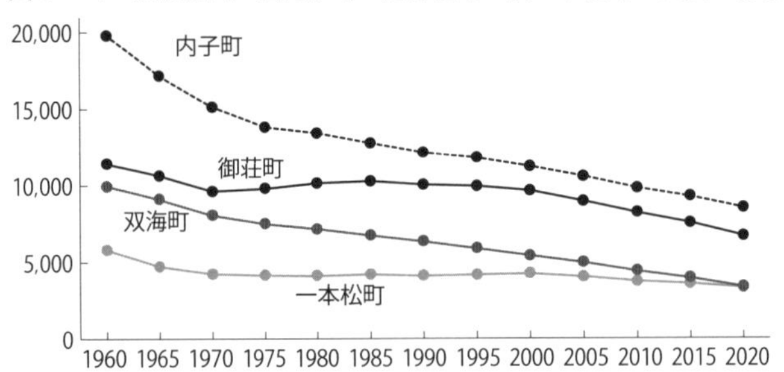

出所）愛媛県『統計からみた市町村のすがた』、『統計からみた市町のすがた』各年度版より作成

呼び、絶賛に近い高評価を与えている。

このように、双海町と内子町はまちづくりの成功事例として高い評価を受けてきた。しかし、実は両町ともに人口減少に歯止めがかからない状態で、今日に至っている。双海町は1960年の段階で9,951人いた住民が、2020年には3,381人と、3分の1にまで減少してしまっている。内子町も1960年に1万9,790人と2万人近くいた人口が、2020年には1万人を割り込んで8,533人まで減少している。両町とも、1960年からの60年間で大きく減少しているのである（**表1－1、図1－1**）。なお図表内では、旧市町村名に「旧」とつけていない。

たしかに、両町のまちづくりへの取り組みとその成果は、見習うべき点が多いだろう。にもかかわらず人口が減少し続けている、ということにも目を向けねばならないのではないだろうか。

これに対して、愛媛県の最南端に位置している南宇和郡の旧御荘町（みしょうちょう）と旧一本松町の人口の推移をみてみたい。両町とも、双海町や内子町よりも、さらに地理的条件は悪く、国鉄（JR）の路線はこれまで敷かれなかったし、いまだに高速道路も通っていないという交通の便が悪い地域である。もちろん、まちづくりの成功事例として全国に名が知られるということもなかった。

しかしながら御荘町は、戦後になって減少してきた人口が、1970年に底を打った。それからは、わずかではあるけれども増加に転じてさえいる。1980年代には人口１万人台を回復したのである。一本松町も、1960年代に人口が1,500人以上減少し、５千人を切ってしまった。しかし、そこで下げ止まり、1970年代から2000年にかけては、人口4,100人から4,200人の間で、ほぼ推移した。

3 南予２都市の比較
――八幡浜市と大洲市

愛媛県の西南部は、地元では「南予（なんよ）」と呼びならわされている。臨海部に工業地域が形成されている東部（東予）や県庁所在地の松山市があり人口が集積している中部（中予）と比べ、南予は第１次産業や建設業に依存するところが大きい地域である。当然のことながら、深刻な過疎化が進行中でもある。旧御荘町と旧一本松町は、もちろんこの南予に位置している。

旧御荘町・旧一本松町と同じ南予に存する都市である八幡浜市（やわたはまし）と大洲市は、人口の推移で好対照の歩みを示した（**表1－2、図1－2**）。大洲市に市制が施行（1954年９月）された直後の1955年の時点では、大洲市の人口４万6,813人に対し、八幡浜市の人口は５万5,471人であり、八幡浜市が９千人弱上回っていた。八幡浜市は、この1955年から2005年までの半世紀の間、右肩下がりで、年間約500人ずつ人口を減らしていった。文字通り、一直線状に減っていっている。大洲市も1970年までの15年間は、八幡浜市を上回る調子で人口を減少させた。

表1－2　大洲市・八幡浜市・南宇和郡（愛南町）の人口の推移（人）

年	大洲市	八幡浜市	南宇和郡
1960	43,583	52,527	44,496
1965	40,165	50,005	38,779
1970	37,324	46,903	34,672
1975	37,294	45,259	33,845
1980	38,719	43,823	33,800
1985	39,915	41,600	33,768
1990	39,850	38,550	32,295
1995	38,937	35,891	31,101
2000	39,011	33,285	29,331
2005	38,458	30,857	26,636
2010	36,217	28,204	24,066
2015	34,549	25,305	21,902
2020	32,408	22,927	19,601

出所）愛媛県『統計からみた市町村のすがた』、『統計からみた市町のすがた』各年度版より作成

注）2005～2020年の大洲市・八幡浜市の数値は合併前の旧大洲市・旧八幡浜市地域の値

図1－2　大洲市・八幡浜市・南宇和郡（愛南町）の人口の推移（人）

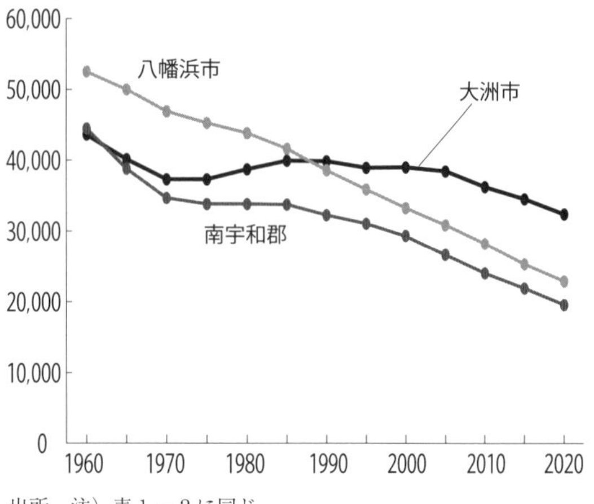

出所、注）表1－2に同じ

しかし、大洲市の人口は1970年代に下げ止まることになる。1970年代後半以降は、むしろ人口がわずかではあるが増加傾向に転じるのである。1983年には、1965年以来18年ぶりに人口4万人を回復する。その後も、2000年頃までは、人口横這い状態を保ったのであった。

次に、同じ南予の都市でありながら、人口の変化に大きな違いがなぜ生じたのか、この両都市を比較してみたい。

二つの都市の歩み

愛媛県八幡浜市は、愛媛県の西部の佐田岬半島の付け根の部分に位置している。市域は瀬戸内海と宇和海に面しており、宇和海側には天然の良港が存在した。明治維新後、大阪との定期航路が開かれ、買出船交易が盛んになり、八幡浜は大阪で買い付けた商品を四国西南部や九州方面に売りさばく中継地として繁栄し、「伊予の大阪」なる異名をとることになった。また八幡浜では、明治になると次々と機屋を開業するものが現れ、西南戦争、日清戦争などを機に綿織物工業の生産が拡大していった。1893年の時点で、「西宇和郡の織物の生産高は、木綿縞二一万五三四〇反（県全体の約五〇％）、絣三万二一〇〇反（県全

体の約一〇％）」（『八幡浜市誌』p.658）だったという。第1次世界大戦が始まると、海外に市場が広がり、「縞三綾」（広巾織布）が輸出の主力となっていく。そうしたなか、1935年に八幡浜町・神山町・千丈村・舌田村が合併し、市政が施行された。愛媛県内で4番目の市となった。しかし、第2次大戦後、生産過剰、衣類の多様化、発展途上国の追い上げなどにより、織物業は衰勢に向かっていき、ついには消滅してしまう。

水産業も、八幡浜の主力産業の1つであった。大正年間に沖合底曳き網漁業（通称トロール漁業）が八幡浜の地に導入された。最盛期には27統54隻が操業していた。八幡浜は水産業の一大中心地だったため、八幡浜水産市場は「四国一の水産市場」とされてきた。しかし、漁獲高の減少にともない、水産市場の取扱高も1万トン程度にまで急減してしまっている。

水産業と並んで八幡浜の重要な産業であるのが農業である。戦後の八幡浜農業の主力産品となったのが、柑橘類である。特に温州みかんは1956年に5,564トン、1965年に1万5,931トン、1975年に4万9,100トンと生産を拡大していった。しかしみかん生産は、1970年代に入ると、全国的な生産過剰にみまわれ、さらに農産物輸入自由化拡大の圧力にさらされるようになった。その結果、みかんの価格が低迷するようになる。こうした状況のなかでも、温州みかんは八幡浜農業の基幹作物で、2004年時点でみると、4万2,500トンを生産し、県内自治体最高の生産量を維持している。

八幡浜市は、製造業がふるわず、新たな企業立地も進まないなか、「みかんと魚のまち」という言葉に象徴されるように、果樹栽培と水産業が市の基幹産業と位置づけられた。しかし、1980年代以降、みかんの価格も魚価も低迷するようになった。八幡浜市の人口減少の背景には、こうした産業の実状がある。

一方の大洲市は、愛媛県の県庁所在都市松山市から南西へ約50kmのところにある。市の中心部は、瀬戸内海から10数km内陸に入った盆地にある。盆地の中を肱川が流れている。

大洲市は第1次産業中心の南予地方のなかでも、とりわけ製造業が未発達の地域であった。1960年代に入ってもその姿にかわりはなく、製造品出荷額でみたとき、八幡浜市の後塵を拝していた（**表1−3、図1−3**）。1965年に大洲市長

表1－3　大洲市・八幡浜市・一本松町の製造品出荷額（百万円）

年	大洲市	八幡浜市	一本松町
1960	1,031	5,764	39
1965	2,174	8,380	79
1970	5,334	10,663	160
1975	14,737	18,226	687
1980	40,728	24,891	1,689
1985	91,748	28,125	4,111
1990	75,167	27,148	49,032
1995	91,825	22,232	168,454
2000	73,956	16,635	131,410
2005	55,753	34,240	5,132
2009	50,755	34,820	3,614

出所）愛媛県『統計からみた市町村のすがた』、『統計からみた市町のすがた』各年度版より作成

注）2005年・2009年の数値は、合併後の大洲市・愛南町・八幡浜市の数値

図1－3　大洲市・八幡浜市・一本松町の製造品出荷額（百万円）

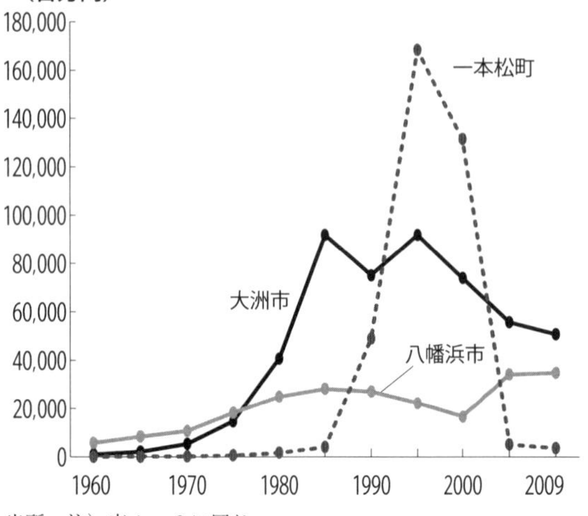

出所、注）表1－3に同じ

に就任した村上清吉は、そのような大洲市に、積極的な工場誘致を行った。なかでも、特に大洲地方に多くの雇用をもたらしたのが松下寿電子工業（現在は社名変更してPHCホールディングス）であった。松下寿は、暖房機器や映像機器、情報機器の開発、生産、販売を手がけてきた。近年では医療機器の分野が事業の中心になっている。この松下寿が、1973年に大洲事業所の操業を開始し、1,000人を超える雇用をもたらした。それ以降、大洲市の製造品出荷額は急速に伸びていくことになる。1985年の製造品出荷額においては、大洲市は八幡浜市の3倍以上となる。大洲市の人口が下げ止まり、八幡浜市の人口を抜くようになった背景には、積極的な工業誘致政策の成功と、それがもたらした雇用の増加があったのである。

八幡浜市と大洲市を比較すると、どちらかというと港湾を背景に八幡浜の方が早くから開け、先進地であった。市制が施行されたのも、八幡浜市の方が約20年も早い。しかし、1970年代における大洲市の工業開発の成功により、両市の立場は逆転していく。自ら「みかんと魚のまち」を標榜するようになった八幡浜市は、1990年代に収益性に疑問符がつく観光開発を行い、市財政を悪化させた（市川，2011，pp.156～157）。2000年代になって、民間からいわゆる「B

級グルメ」によるまちづくりが始まり、これは地域活性化の取り組みの１つとして取り上げられている（西村，2009）。しかし、このＢ級グルメ（八幡浜ちゃんぽん）が、どの程度、人口増や雇用増に寄与するかは疑問符がつく。

一方、大洲市では、市内最大の事業所である松下寿大洲事業所が、2005年に従業員数を半分に減らす縮小計画を実行した。さらに世界的な景気後退の中、2009年10月に閉鎖されてしまう。工業誘致政策のもろさも経験したのであった。

4 南宇和郡は成功例ではないのか

第２節でふれた南宇和郡には、2004年10月、内海村・御荘町・城辺町・一本松町・西海町が新設合併して愛南町が生まれている。松山市から約120㎞の距離があり、東は高知県と境を接している。町の西部から南部にかけては、宇和海に面しており、リアス式の海岸が発達している。町制が施行されたのは、御荘町と城辺町が最も早く、1923年２月に、そろって村から町になっている。現在も、この両町に商業集積がみられ、愛南町の中心となっている。また愛南町役場は、旧城辺町役場におかれている。

表1−4は、南宇和郡４町１村の人口推移を示している。西海町を除いて、1970年代には人口減少に歯止めがかかっていることがわかる。

南宇和郡の1970年代から80年代前半の人口維持を支えたものの１つに、水産業の隆盛がある。宇和海一帯の水産業の中心は、リアス式海岸を生かした養殖水産業である。とりわけ真珠やハマチの養殖が主力となってきた。真珠養殖は、三重県伊勢湾の業者が、養殖適地を求めて宇和海に進出してきたところから始まり、1958年頃から地元業者の養殖事業も軌道にのり始めた。一方、ハマチ養殖は、津島町の山本彰がその嚆矢とされ、1959年に開始された。1967年の過剰生産による真珠不況の際に、ハマチ養殖に転換する業者が出て急増する。

表1−5、図1−5にみられるように、1970年代以降、それまでの愛媛県水産業の拠点であった八幡浜市を、水産業生産額で南宇和郡は大きく上回るようになる。宇和海沿岸域は、日本有数の養殖生産地となっていった。1970年代から1990年代初めにかけて、水産業に従事する者は増加していった。また養殖水

表１－４　南宇和郡（愛南町）の人口の推移（人）

年	内海村	御荘町	城辺町	一本松町	西海町
1960	4,134	11,401	14,235	5,803	8,923
1965	3,218	10,631	13,035	4,733	7,162
1970	2,762	9,615	12,020	4,229	6,046
1975	2,435	9,800	12,011	4,151	5,448
1980	2,501	10,136	12,023	4,123	5,017
1985	2,705	10,268	11,832	4,211	4,752
1990	2,706	10,039	11,209	4,122	4,219
1995	2,659	9,944	10,647	4,167	3,684
2000	2,425	9,656	9,728	4,256	3,266
2005	2,108	8,959	8,751	4,031	2,787
2010	1,786	8,219	7,886	3,751	2,419
2015	1,598	7,458	7,214	3,574	2,058
2020	1,484	6,705	6,427	3,322	1,663

出所）愛媛県『統計からみた市町村のすがた』、『統計からみた市町のすがた』各年度版より作成

表１－５　八幡浜市・宇和島市・南宇和郡（愛南町）の市町村内水産業生産額（百万円）

年	八幡浜市	宇和島市	南宇和郡	内海村	御荘町	城辺町	西海町
1967	904	578	869	156	249	375	109
1970	793	732	1,181	152	282	515	232
1975	2,540	4,475	7,526	452	4,008	1,826	971
1980	3,863	10,563	15,253	1,436	4,818	4,702	4,297
1985	2,410	13,357	19,870	4,260	6,887	4,962	3,760
1990	3,065	13,451	12,754	5,207	4,653	1,782	1,113
1995	2,852	9,241	10,153	2,819	4,504	1,467	1,362
2000	2,063	9,930	8,560	613	3,742	2,182	2,023
2005	2,100	5,889	5,808				
2009	1,091	4,011	3,424				

出所）愛媛県『統計からみた市町村のすがた』、『統計からみた市町のすがた』各年度版より作成
注）旧一本松町は内陸の町で養殖水産業はない

図１－５　八幡浜市・宇和島市・南宇和郡（愛南町）の市町村内水産業生産額（百万円）

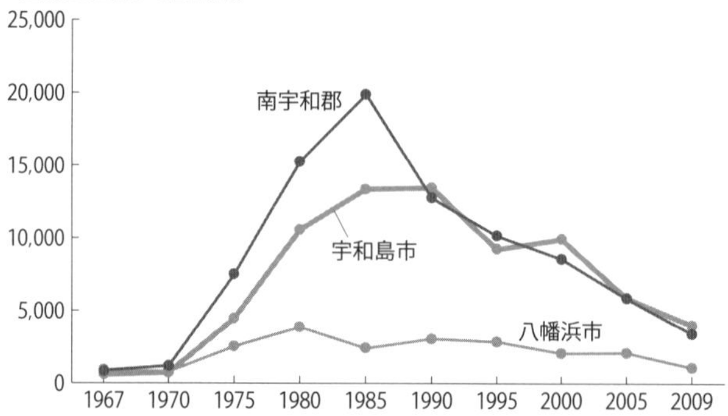

出所）愛媛県『統計からみた市町村のすがた』、『統計からみた市町のすがた』各年度版より作成

産業の拡大は、稚魚・餌料供給、資材供給、水産医薬品、水産物運搬などの関連産業の発達も促した。この新しい産業の勃興が、南宇和郡の人口維持の源であったのである。第1次産業であっても、収益が上がるのならば、雇用は生まれ、人はその地に定着するのである。

鶴井啓司は、宇和海沿岸地域で養殖水産業が成功した要因を4点挙げている。第1に自然条件が養殖に適していたこと。急深のリアス式海岸という地形や水温など、好条件がそろっていた。第2に、宇和海沿岸の漁村が半農半漁型であったこと。漁村のもつ強い共同性は、イワシ網漁業から養殖業への移行を円滑化し、農業経験は養殖への適応性を事前に養っていた。第3に、若い世代の養殖水産業への参入が相次ぎ、世代交代が進んだこと。若い世代の漁業者は、養殖技術の習得や革新に熱心であった。第4に、愛媛県が小規模の個人（家族）経営体育成の方針をとったこと。地場に根差す小規模経営体は、大手業者ならば撤退するような不況期を耐え抜いたというのである（鶴井，2011，pp.74〜82）。

このように養殖水産業が隆盛を誇った宇和海沿岸域も、1990年以降は一転して苦境に直面する。過剰生産による魚価の低迷や、1994年頃から始まったアコヤ貝の大量斃（へい）死などにより、水産生産額および業者数ともに減少に転じており、かつての繁栄に翳りがさしている。鶴井は、バブル崩壊後の「国内における景気後退が魚価低迷となって漁業生産額の減少に大きな影響を及ぼすことになった」とし、また「真珠母貝（アコヤガイ）の大量へい死と、その後に続いた世界的な金融不安や経済不況によって、装飾品である真珠の需要が急速に冷え込み真珠・真珠母貝養殖業が大打撃を被ることになった」（鶴井，2011，p.45）と述べている。真珠母貝の中心的な産地であった内海村は、かつて「日本で最も豊かな村」と言われた時期もあった。しかし1990年以降は、水産生産額を激減させている。それは人口にも影響を及ぼし、1990年（人口2,706人）から2010年（人口1,786人）までの20年間に、人口が900人以上減少してしまった（減少率34.0%）。人口の3分の1が、わずか20年で失われたことになる。南宇和郡全体でみても、1990年以降、人口減少が顕著になっている。

そうしたなかで、2000年代初めまで人口を維持できていたのが、一本松町である。製造品出荷額をみると、1990年代において、一本松町の出荷額が南予地方では群を抜いていることがわかる。松下寿電子工業の事業所があった大洲市を凌駕しており、この時期、南予一の製造品出荷額を誇っていたことになる。これは、松下電子寿産業一本松事業部に拠るものである。この事業所は、最盛期には600人以上もの雇用をこの地に創り出していた。

しかし、一本松事業部は、大洲市よりも一足早く、2005年3月に閉鎖されてしまう。人口も減少過程に入り、2010年でみると4,000人を切ってしまっている。

以上みてきたように、地域活性化の成功事例として取り上げられることもなかった南宇和郡が、内子町や双海町を尻目に1970〜80年代に人口を維持できていたのは、新産業の勃興と繁栄があったのである。

5 「地域活性化」論の偏向と「地域活性化」を測る尺度

人口という客観的尺度であらためて地域活性化をみると、大洲市や南宇和郡のように、成功事例として取り上げられるようなことがなかった地域が、実は「成功」していたという現実が見えてきた。そして地方において、人口の増加・維持は、有効な施策のないところには起きないというのも、また事実のようである。戦後、行政当局が無策に終始した八幡浜市は、みごとに人口を半減させている。

逆に、これまで地域活性化の成功事例とされてきた地域や施策が、人口増加ないしは維持という根幹部分に対する対策として、必ずしも効果を発揮していない現状があることを指摘した。地域活性化は、人口の増減のみでは測れないという考えももちろんありえよう。地域に住む人々の士気やその土地への愛着感の高まり、まちづくりに関連した人的ネットワークの形成、訪問客の増加など、一口に「地域活性化」といっても様々な側面が考えられうる。しかし、「成功」というのならば、人口という客観的な尺度でみても、何らかの効果がみえてしかるべきではないだろうか。

人口という観点からみると、雇用の増加をもたらす産業振興が地域活性化の王道だという現実が見えてくる。一方、地方における地域活性化の成功事例とされるものの少なからぬ部分が、いわば「雇用なき成功」とでも呼ぶべき状況にあるように思える。

しかし、工場誘致を中心とした地域開発、産業振興には、地域経済論や地域開発論等の分野で、「外来型開発」と称され、強い批判の対象となってきたのも、また事実である。外来型開発批判の古典的な例は、宮本憲一によるものであろう（宮本，1976，pp.272〜294）。

宮本の批判は、原理面から現象面まで多岐にわたる。そのなかで、例えば「工場が分散し、地域開発がすすむほど、本社のある大都市、とくに東京への依存がつよまる」ことを指摘する。本社の経営判断が最優先され、地元の意向や状況と関係なく、進出工場の撤退・縮小が決定されてしまう。グローバル化のなかで、生産現場が海外にも展開している現在では、こうした現実に直面する地域も多いと思われる。大洲市や旧一本松町もまた、その一例である。また宮本は、「重化学工業の工場ができたからといって、その波及効果で関連産業が、同一地域に誘致されるわけではない」と述べる。外部から進出してきた企業が、地域内連関を形成せず、地元への技術移転などの波及効果が少ないとの指摘が、以後継続的になされる。そして外来型開発は、「開発にともなう社会的費用の発生を捨象していた」と宮本は言う。すなわち、公害・環境問題の発生である。宮本は「利益は中央に集中し、公害のような損失は地域に帰着する」との警句を発している。

このように、外来型開発には批判の対象とされてきた伝統があり、逆に地域の伝統や文化に根差した内発的発展が賞揚されてきた。このことが、地域活性化の評価に対してある種の偏向をもたらしていたのではないだろうか。また、人口の増減という客観的尺度が軽視される素地になったのではないか。外来型開発批判の正当性を受け入れてもなお、独特の偏向があったように思う。

そして深読みかもしれないが、商店街活性化や観光振興、景観保護、農産物加工による新商品開発など、研究者・コンサルタント・アドバイザー・プランナーなどといった人たちが、助言・指導といった形で介在できる余地のある領域において、ことさら成功事例が見出される傾向はなかったであろうか。逆に、行政当局が工業用地を造成して、企業誘致に成功したという話は、成功事例として等閑視されてきたとはいえまいか。たとえば滋賀県長浜市の地域活性化は、

「黒壁」の成功によって観光客が増加したことばかりが論じられ、その工業誘致策によって工業集積が進んでいることにはほとんどふれられない。

繰り返しになるが、地域活性化は人口という視点で見直すことが必要だと思われる。そして、人口維持の背景には、雇用があるということ。南宇和郡の事例は、条件不利地域であろうと、産業の繁栄と雇用があれば、人口は定着するということを示している。ということは、地域活性化の根幹は、産業振興だともいえるのである。そして、産業振興と雇用あっての、B級グルメであり、ゆるキャラであり、観光振興であり、特産品（地域ブランド）開発なのだという視点を提示して、本章を終えることにしたい。

付　記

本章は、「「地域活性化」再考――人口と雇用の観点から」『松山大学論集』第25巻第4号（2013年）を加筆修正のうえ転載した。

注

(1) 金子勝・高端正幸『地域切り捨て』（2008）では、今日の地方衰退の起源を1980年代前半の中曽根政権に求めている。そして、「中曽根「行革」は、戦略なきまま、いわゆる3K（国鉄・健保・米）に民営化・規制緩和路線を持ち込んだ」「中曽根時代に行われた3K政策は、すべて今日の地域崩壊、地域衰退の素地を作った」「一九八〇年代以降、自民党は、市場原理主義とタカ派路線をひたすら追求するネオコン（新保守主義）のイデオロギー政党として純化してきた。地域切り捨てと地域衰退は、彼らによる人為的災禍に他ならない」（pp.143～144）と、手厳しい批判を加えている。また橘木俊詔・浦川邦夫『日本の地域間格差』（2012）では、地方への公共投資による地域間格差の是正という再分配政策に対してあった国民の間の広範囲な合意が、1990年代半ばから弱くなり、再分配政策の弱まりが地域間格差の拡大を招いたとしている（pp.172～174）。

(2) 例えば、小長谷一之・福山直寿・五嶋俊彦・本松豊太『地域活性化戦略』（2012）にも、「街づくりのキーパーソンの典型といわれる「若者、よそ者、ばか者」を受け入れる開放性があること」という一節が、冒頭にある（p. 4）。また、岡田豊編『地域活性化ビジネス』（2013）第4章第3節は「「よそもの・わかもの・ばかもの」を活用せよ」と題され、成功事例が紹介されている。近年では、真壁昭夫『若者、バカ者、よそ者』（2012）という題名の著書すら刊行されており、ここでは三者がビジネス界のイノベーションに必須の要素にまで拡張、敷衍されて、議論が展開されている。

(3) 例えば、衣川恵『地方都市中心市街地の再生』（2011）では、高松市・長浜市・青森市の事例がそろって取り上げられている。ただし、青森市の「アウガ」は失敗例として分析されている。

(4) 例えば、寺迫剛「コンパクトシティの行政」（2011）、『季刊まちづくり』編集部「富山市公共交通を活用した「串と団子」のまちづくり」（2008）等参照。

(5) 例えば、似田貝香門ほか編『まちづくりの百科事典』（2008）pp.368～369。若松進一に関しては、若松進一『昇る夕日でまちづくり』(2000)、(社) 日本観光協会編『観光カリスマ』(2005) pp.21 ～ 32 等参照。

参考文献

市川虎彦，2011，『保守優位県の都市政治——愛媛県主要都市の市政と市長選』晃洋書房
いよぎん地域経済研究センター，1998，『愛媛の魚類養殖業』いよぎん地域経済研究センター
愛媛県総務部新行政推進局・市町振興課合併推進室編，2006,『愛媛県市町村合併誌』愛媛県
岡田豊編，2013，『地域活性化ビジネス——街おこしに企業の視点を活かそう』東洋経済新報社
奥野信宏，2008，『地域は「自立」できるか』岩波書店
金子勝・高端正幸，2008，『地域切り捨て——生きていけない現実』岩波書店
『季刊まちづくり』編集部，2008,「富山市公共交通を活用した「串と団子」のまちづくり」『季刊まちづくり』18 号
衣川恵，2011，『地方都市中心市街地の再生』日本評論社
小長谷一之・福山直寿・五嶋俊彦・本松豊太，2012,『地域活性化戦略』晃洋書房
篠原重則，2005，「地域資源の活用と農産物の直売による山村の活性化——愛媛県内子町の事例」『松山大学論集』第 17 巻第 5 号
鈴木茂，2000,「愛媛の地域づくり・産業おこし——愛媛県喜多郡内子町の場合」『松山大学論集』第 12 巻第 5 号
鈴木茂，2006，「内子町における地域づくりと観光振興政策 (1)」『松山大学論集』第 18 巻第 1 号
鈴木茂，2006，「内子町における地域づくりと観光振興政策 (2)」『松山大学論集』第 18 巻第 3 号
鈴木茂・山崎泰央編，2010，『都市の再生と中心商店街』ぎょうせい
橘木俊詔・浦川邦夫，2012，『日本の地域間格差——東京一極集中型から八ヶ岳方式へ』日本評論社
鶴井啓司，2011，『漁業再興と担い手育成——日本一の養殖産地・宇和海からの提言』創風社出版
寺迫剛，2011，「コンパクトシティの行政——富山市・ハレ市」井手英策編『雇用連帯社会——脱土建国家の公共事業』岩波書店
西村裕子，2009,「八幡浜ちゃんぽん／まちおこしの起爆剤に」関満博・古川一郎編『「ご当地ラーメン」の地域ブランド戦略』新評論
似田貝香門・大野秀敏・小泉秀樹・林泰義・森反章夫編，2008，『まちづくりの百科事典』丸善
西澤隆・桑原真樹，2009，『日本経済 地方からの再生』東洋経済新報社
(社) 日本観光協会編，2005，『観光カリスマ——地域活性化の知恵』学芸出版社
長谷川計，2013,「富山市中心市街地が「お花畑」になった理由」，岡田豊編『地域活性化ビジネス』東洋経済新報社
久繁哲之介，2010，『地域再生の罠——なぜ市民と地方は豊かになれないのか？』ちくま新書
藤目節夫，2003，「協働型まちづくりと地域自治——内子町を事例として」『いよぎん地域経済センター調査月報 IRC』第 181 号
真壁昭夫，2012,『若者、バカ者、よそ者』PHP 新書
宮本憲一，1976，『社会資本論［改訂版］』有斐閣

諸富徹，2010，『地域再生の新戦略』中央公論新社
安田亘宏・才原清一郎，2011，『食旅と農商工連携のまちづくり』学芸出版社
若松進一，2000，『昇る夕日でまちづくり――日本一を目指した夕焼け課長の奮戦記』アトラス出版

第２章

「田園回帰１％論」の功罪

『中央公論』2014年6月号に掲載された「消滅可能性都市896 全リストの衝撃」という論文は、地域社会に関心をもつ人々から大きな反響を呼んだ。著者は、第1次安倍改造内閣と福田康夫内閣で総務大臣を務めた増田寛也と彼が座長を務める日本創成会議であった。

この論文では、各市区町村の人口の再生産を担う20～39歳の女性人口の推移に着目し、2010年から40年までの30年間にこの年代の女性の人口が5割以上減少してしまう市町村を「消滅可能性都市」と呼称したのであった。「消滅可能性都市」は、国立社会保障・人口問題研究所（以下、社人研）の推計に従えば、市区町村全体の5分の1となる373自治体であった。しかし増田らは、「社人研の推計は、人口移動が将来、一定程度、収束することを前提としている」とし、現実には「人口流入は止まらないのではないかと考えている」と述べる（増田, 2014, pp.25～26）。その理由として挙げられているのが、介護・医療関係の雇用動向である。現在、地方の雇用を支えているこの分野の労働力が、大都市圏の量的に大規模な高齢者人口の増加にともない、地方から首都圏などへ移動する可能性が高いからだという。このような人口移動を勘案すると、「消滅可能性都市」はさらに大幅に増えて、896市町村に達するというのである。実に、全市町村の半数がこれにあたることになる。

この論文は、マスコミを通じて人口に膾炙した。当の過疎地の地域住民自身

表２−１　愛南町の消滅可能性

	回答数	%
おおいに可能性がある	138	22.6
可能性がある	192	31.5
少し可能性がある	168	27.5
あまり可能性はない	43	7.0
可能性はない	38	6.2
全く可能性はない	12	2.0
無回答	19	3.1
合計	610	100.0

は、「消滅可能性」という指摘を、どのように感じたのであろうか。『中央公論』が刊行された５か月後、2014年10月に松山大学地域調査として、愛媛県愛南町の住民を対象にした意識調査[(1)]を行った。その中で、「あなたは、愛南町が消滅する可能性があると思いますか」という質問を試みてみた。

表２−１は、その回答結果である。「おおいに可能性がある」「可能性がある」「少し可能性がある」と回答した人が、あわせると８割を超えている。日本創成会議の報告は、単に専門家ばかりでなく、地域住民からも重く受け止められたと言えるのである。

しかし、当然のことながら、日本創成会議の報告と提言に批判的な者も存在する。逆に人口の「田園回帰」が始まっている、という主張すら存在する。以下、次節ではこの田園回帰論を紹介したい。そして、田園回帰論者の主張に基づく人口推計その人口還流論を、愛媛県西予市を例にとって検証してみたい。その上で、田園回帰1%論がもつ功罪を検討してみることにする。

1　田園回帰１％論とは

国立社会保障・人口問題研究所や日本創成会議の人口推計に対して、島根県の状況を例に、批判的な論陣を張っているのが藤山浩である。次に、藤山の主張するところをみてみたい。

藤山は、社人研やそれを基にした日本創成会議の人口推計は、いくつかの点で問題があることを指摘する。まず、2005年から2010年のデータが推計の基礎となっており、地方への人口還流が始まったここ2010年から2015年の変化が活かされていないという点。また、都市への人口移動が継続することを前提にしている点。さらに、データの単位が、平成の大合併後の市町村を単位としており、多様な地域の実情を反映していない点等々である。そして日本創成会議の主張に反し、島根県では松江市や出雲市などの都市部に近い地域ではなく、むしろ山間部や離島で子どもが増加しており、いわば「田舎の田舎」に次世代が定住しはじめていると述べるのである。

さらに進んで、コーホート変化率法を用いて人口推計を行った結果、「結論から言うと、人口を毎年1％ずつ取り戻せば人口はほぼ安定します」（藤山, 2015a, p.31）との主張を展開する。コーホート変化率法とは、直近５年の５歳階級ごとの男女の人口変化率を将来に延長して人口の推移を予測するもので、藤山が述べるように簡便な人口予測法である。

例えば、人口約600人の地域には、「年１組ずつ20代男女、4歳以下の子どもがいる30代前半男女、定年帰郷の60代前半男女の移住者が増えていけば、高齢化率は下がり、人口減少は緩やかになっていきます」（前掲書, p.32）という。年間３組の家族が移住し続ければ、人口は定常化するというのである。ここから生まれてきたのが、「地域人口1％取り戻し戦略」である。

そこで、藤山の主張に従って、愛媛県の西予市を例に、人口推計を行ってみることにする。その前に、次節で簡単に西予市を紹介することにする。

2　愛媛県西予市の概況

西予市は、愛媛県の県庁所在地・松山市から南西へ約70kmのところにある市である。西は宇和海に面し、東は四国カルストを有する山地となっていて、高知県と境を接している。海から山まで、東西に長い市域をもっている。多様な地形をもつ西予市は、日本ジオパーク委員会から、日本ジオパークの認定を2013年に受けている。

この西予市は、東宇和郡の宇和町・野村町・城川町・明浜町と西宇和郡の三瓶町の5町が、2004年に新設合併してできた市である。合併時の人口は4万4,948人、面積は514.79k㎡となり、愛媛県内では久万高原町に次いで２番目に広い市域をもつ自治体となった。

藩政時代に先立つ戦国時代の南予（愛媛県西南部）一帯に勢力をもっていたのは西園寺氏であった。西園寺氏の城下町は、松葉町（現在の卯之町）にあったとされる。その後、「藩政時代に入ると、松葉町はますます南予の政治文化の中心から離れたが、近郷の必需品を売る商工の町、また交通の要衝であるところから、宇和島藩第一の在郷町、唯一の宿場町として発展し」ていった（『宇和町誌』, 1976, pp.132～133）。この地が、明治時代以後、東宇和郡の中心となる卯之町である。

明治時代になって、1889 年に町制が施行され、宇和町が成立した。宇和町は、藩政時代の在郷町の伝統を引き継ぎ、東宇和郡の商業の中心地であった。1922 年には、上宇和村を編入合併する。戦前の宇和町では製糸業が盛んであった。第 2 次世界大戦中に、製糸業は操業を停止した。1941 年に国鉄が開通し、卯之町駅ができると駅周辺が賑わいの中心となった。戦後の「昭和の大合併」で、1954 年 3 月に、宇和町、多田村、中川村、石城村、下宇和村、田之筋村の 1 町 5 村が合併して宇和町（人口 2 万 4,711 人）となった。1994 年には、町内に愛媛県歴史文化博物館が開館している。また、2004 年に松山自動車道西予宇和インターチェンジの供用が開始される。現在は、国道 56 号線沿いに多くの店舗が展開している。東宇和郡の中心であるため、1970 年代から 80 年代にかけて、人口は 1 万 8 千人台を維持した。その後、人口減少過程に入る。しかし、西予市内の他の地域と比べると、減少の程度は緩やかである。

次に宇和町以外の西予市を構成した各町の概要をみてみよう。

宇和町の次に人口規模が大きいのは野村町である。野村町の野村は、宇和島藩の在町が置かれ、物資の集散地となったことから栄えた地である。明治になって、1889 年に村制を施行し、野村となる。1922 年に町制を施行して、野村町が成立する。1955 年 2 月には、野村町、渓筋村、中筋村、見吹村、横林村、惣川村の 1 町 5 村が合併して、新たな野村町（人口 2 万 2,568 人）となった。野村町は、「ミルクとシルクのまち」をまちづくりの標語に掲げていた。酪農は第 2 次世界大戦中に町内への導入の研究が始まり、戦後になって本格的に生産が開始され、拡大していった。蚕糸業・生糸業の方は、はるかに歴史が古く、大正時代に本格的な生産が始まっている。しかし、好景気は長くは続かず、昭和初期に不況で打撃を受ける。戦後は高品質生糸の製造を手がけ、1960 年代は製造機器の近代化が図られた。この結果、生糸の生産量や利益は順調に拡大を続けた。しかし、「養蚕農家の高齢化による繭生産減少、外国産生糸、繭の大量輸入による在庫の増加、経済の進行（ママ）についていけない生糸、繭価格の低迷、バブル経済の崩壊が追い打ちとなり工場運営は厳しさを増していった。特に55年（1980年）以降、適切な対策もないまま斜陽産業となり、町工場並みと化していった」（『野村町誌』, 1997, p.770）という状況になる。結局、1994年に野村工場は操業を停止する。

肱川には、1960年1月に鹿野川ダムが完成していた。たびたび洪水被害をうけてきた肱川下流域の安全性をさらに高めるために、新たなダムが野村町内に計画された。これが野村ダムである。1973年に本体工事に入り、1982年3月に完成した。野村ダムは治水と利水（南予海岸部への灌漑用水・水道用水）の多目的ダムとして完成した。建設費は286億円、貯水総量は1,600万㎥であった。

野村町の諸産業が衰退する中、人口も減り続けた。1960年には2万850人を数え、宇和町に匹敵する人口があった。しかし、合併する2005年には1万241人と、半減してしまっていた。合併後は、人口減に拍車がかかっている。

三瓶町は、三瓶湾に面した地域である。1889年に村制を施行して、三瓶村となる。1921年には町制を施行し、三瓶町となる。三瓶町は西宇和郡に属し、行政上のつながりは八幡浜市と強かった。戦前の1930年に近江帆布の工場誘致に成功し、操業が開始された。この工場は愛媛県内の紡績工場としては3番目に大きいもので、工員1,400名以上を雇用する大工場であった。戦時中の併合により、この工場は敷島紡績三瓶工場となった。戦災にあわなかった三瓶工場は、早期に生産量を回復し、1950年代初めの「糸へん景気」にも乗った。町には多額の税収がもたらされた。1955年1月に、三瓶町、三島村、二木生村、双岩村の一部が合併して、新しい三瓶町（人口1万7,044人）が誕生している。しかし、紡績業は次第に斜陽産業となり、1960年に三瓶工場は閉鎖されてしまう。工場閉鎖以降、人口は減少傾向が続いた。「平成の大合併」では、八幡浜市との合併を選ばず、東宇和郡との合併を選択し、変則的な合併となった。

明浜町は宇和海に面した町である。町の範域には、1889年の町村制施行で高山村、狩江村、俵津村が成立した。1955年3月、狩江村と俵津村が合併して豊海村となる。さらに1958年1月、高山村と豊海村が合併して明浜町が生まれる。

高山に石灰の鉱山があり、江戸時代から1979年まで採掘が続けられ、繁栄した時期もあった。閉鉱後の町内にこれといった産業はなく、傾斜地を利用した果樹栽培と漁業が町の主要産業となった。このため、人口減少が続いた。

城川町の範域には、1889年の町村制施行で魚成村、土居村、高川村、遊子川村の4村が成立した。1954年に、この4村が合併して黒瀬川村が成立した。黒瀬川村は、1959年4月に町制を施行して、城川町に改称した。城川町では、1965年の初当選以来7期28年の長期政権となった増田純一郎町長の下で、「わがむらは美しく」運動に取り組んだ。その取り組みは、過疎地のまちづくり運動として注目されることもあった。しかし、典型的な中山間地で、農林業以外の産業は乏しく、人口の減少は著しい。

東宇和郡・西宇和郡は、大正から1950年代ぐらいまでは繊維産業が域内に存在していて、地域経済を支えていた。しかし、産業構造が変動する中、全国的に繊維産業は衰退し、東西宇和郡も同様の道をたどった。それに代わる産業は育成できず、結局、第1次産業が基幹産業という地域になってしまった。

西予市として合併した5町の人口の推移をみてみたい（**表2−2、図2−1**）。西予市内で最大の人口を擁する旧宇和町は、高度経済成長の1960年代には人口流出に見舞われた。この間、人口は2万人を切り、1万8千人台に落ち込んだ。しかし、1970〜80年代は1万8千人台を、90年代から現在までは1万7千人台を維持し、極端な人口減少を免れている。

旧野村町は、1970年には人口が2万人以上あり、宇和町に匹敵する人口規模の町であった。しかし、70年代以降、下げ止まりをみせた旧宇和町と異なり、以後も人口減少が続いた。現在は約7千人にまで減少してしまい、かつては一定程度の商業、サービス業の集積があった町内中心部も衰退してしまっている。

旧三瓶町も、1970年に1万5千人以上あった人口が、2020年には約6千人へと減少している。中心部にはアーケードを備えた商店街が存在していた。現在、アーケードは撤去され、当然のことながら空き店舗が目立つ状況である。さらに旧城川町、旧明浜町は1960年に1万人前後あった人口が現在は3千人以下に落ち込んでおり、1960年の3分の1以下に落ち込んでしまっている。

1960年段階で、同じ程度の人口規模をもっていた旧宇和町と旧野村町であ

表２－２　西予市旧町別の人口の推移（人）

年	西予市				
	宇和町	野村町	城川町	明浜町	三瓶町
1960	22,803	20,850	11,124	9,602	15,146
1965	20,010	17,889	9,047	8,385	13,947
1970	18,362	15,548	7,489	6,918	12,692
1975	18,047	14,288	6,715	6,362	12,116
1980	18,305	13,751	6,212	6,204	11,703
1985	18,252	13,307	5,950	6,014	11,281
1990	17,765	12,508	5,608	5,574	10,438
1995	17,484	11,691	5,193	5,116	9,538
2000	17,550	11,093	4,835	4,678	9,061
2005	17,610	10,241	4,408	4,182	8,507
2010	17,234	9,373	3,933	3,750	7,790
2015	17,390	8,828	3,643	3,562	7,322
2020	16,099	7,269	2,997	2,839	6,184

注）国勢調査より筆者作成

図２－１　西予市旧町別の人口の推移（人）

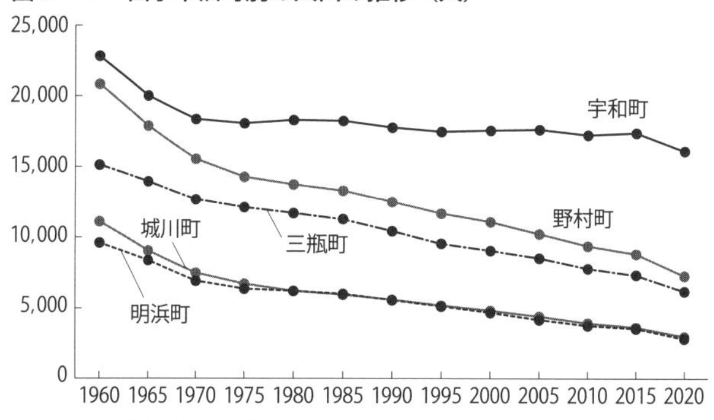

注）国勢調査より筆者作成

るが、産業別就業者比率の推移をみてみると旧宇和町は、1975年の段階でまだ35.6%あった第１次産業従事者比率が次第に減少していき、2000年には12.9%にまで縮小した。2000年の第１次産業就業者比率は、八幡浜市の21.7%よりもはるかに小さくなった。ちなみに八幡浜市は、1935年に愛媛県で４番目に市制が施行された先進的な地域である。当時は海運業と繊維産業で栄え、それにともなって金融業・商業・サービス業でも西宇和郡・東宇和郡・喜多郡内の中心都市であった。その八幡浜市の第３次産業就業者比率は1975年で50.9%であり、旧宇和町は40.2%であった。それが2000年になると、旧宇和町の第３

次産業従事者比率は61.6%にまで高まり、八幡浜市の56.5%を凌駕している。旧宇和町で、第1次産業から第3次産業への就労人口の移動が起きたことがわかる。

旧宇和町は、とりわけ工業誘致に成功したわけではない。そのなかで、1970年代以降、人口が維持できていたのは、交通の結節点という地の利が功を奏し、産業別就業者比率の推移からも推測できるように、東宇和郡内で商業・サービス業の拠点性を高めていったためだと思われる。政策的な努力のためというよりも、地理的条件が東宇和郡域でよかったため、自然発生的に宇和町への集約が進んだと思われる。

西予市全体としてみると、宇和盆地を中心に農地が形成され、旧宇和町中心部に商業・サービス業の集積がみられる。その周囲に丘陵地帯、高原地帯、海岸地帯が広がる。面積は514.34㎢で、平成の大合併前は70市町村あった基礎自治体が20市町に再編された愛媛県にあって、久万高原町に次ぐ広さになっている。この広い周辺地域の谷筋や入江に人口が散在するという形態になっている。

3 西予市の人口推計

それでは、まず藤山が指摘する第1の点を検証してみたい。社人研の人口推計が2005年から2010年のデータを基にしていて現状を反映していない、という点である。**表2−3**は、社人研が推計した西予市の2015年の性別5歳階級別の人口と、西予市の住民基本台帳から得られた実際の人口とを比較したものである。一見してわかるように、男性で895人、女性で500人、合計すると1,395人も社人研は少なく見積もったということになる。社人研の推計では、西予市の人口は2015年で4万人を切るとしていた。しかし実際には、4万人を維持している。藤山の、最新のデータを使って推計すべきだという主張と、社人研が地方の人口減少を過大に見積もっているという指摘は、西予市のデータをみても、まったく正しいと言える。

ただし、2010年から2015年にかけて、西予市では2,906人の人口減少があっ

表２－３ 西予市 2015 年の人口：社人研の推計値と住民基本台帳の実測値（人）

男	社人研推計	住民基本台帳	女	社人研推計	住民基本台帳
総数	18,220	19,115	総数	20,898	21,398
0～4歳	616	629	0～4歳	584	603
5～9歳	755	749	5～9歳	652	706
10～14歳	850	869	10～14歳	720	704
15～19歳	775	870	15～19歳	679	809
20～24歳	469	622	20～24歳	545	598
25～29歳	513	673	25～29歳	571	647
30～34歳	739	792	30～34歳	720	761
35～39歳	999	1,050	35～39歳	925	945
40～44歳	1,003	1,057	40～44歳	1,016	1,033
45～49歳	944	1,030	45～49歳	965	1,021
50～54歳	1,086	1,161	50～54歳	1,094	1,130
55～59歳	1,307	1,352	55～59歳	1,281	1,311
60～64歳	1,572	1,658	60～64歳	1,646	1,693
65～69歳	1,832	1,864	65～69歳	1,892	1,870
70～74歳	1,334	1,299	70～74歳	1,589	1,626
75～79歳	1,273	1,284	75～79歳	1,782	1,785
80～84歳	1,128	1,148	80～84歳	1,768	1,823
85～89歳	712	740	85～89歳	1,433	1,435
90歳以上	313	268	90歳以上	1,036	898

出所）国立社会保障・人口問題研究所『日本の地域別将来推計人口』（2013 年３月推計）および西予市人口・世帯数より筆者作成

たこともまた事実なので、これをもって「地方への人口還流が始まった」とまで言えるかについては、疑問も残る。

次に、藤山の指摘にしたがって、2010 年から 2015 年までの最新のデータを用いて、平成の大合併前の旧町を単位として、コーホート変化率法を用いて、西予市の 2060 年までの人口推計を行ってみることにする（**表 2−4**、**図 2−2**）。藤山は、島根県の分析結果から、「従来は条件不利と呼ばれてきた中山間地域、しかもその山間部・離島を中心に、４歳以下の子どもが増えている地域が目立ち始めた」と述べている（藤山 , 2015a, p.56）。また、子どもの親世代にあたる 30 代も増えている地区が現われてきており、「増えている地区の分布も、４歳以下の子供と同様に、市役所も支所もない「田舎の田舎」が大半となっています」

表2－4　西予市旧町別のコーホート変化率法による人口推計（人）

	2010年	2015年	2020年	2025年	2030年	2035年	2040年	2045年	2050年	2055年	2060年
明浜町	3,973	3,556	3,143	2,691	2,303	1,933	1,618	1,348	1,130	965	824
宇和町	17,649	17,272	16,754	16,053	15,228	14,458	13,718	12,921	12,223	11,547	10,851
野村町	9,702	8,844	7,911	6,989	6,124	5,367	4,704	4,069	3,518	3,069	2,667
城川町	4,099	3,623	3,134	2,691	2,300	1,944	1,635	1,345	1,110	928	779
三瓶町	7,996	7,218	6,399	5,549	4,747	4,013	3,368	2,776	2,288	1,892	1,567
西予市	43,419	40,513	37,341	33,973	30,702	27,715	25,043	22,459	20,269	18,401	16,688

出所）2010年と2015年の国勢調査結果をもとにコーホート変化率法によって筆者作成

図2－2　西予市旧町別のコーホート変化率法による人口推計（人）

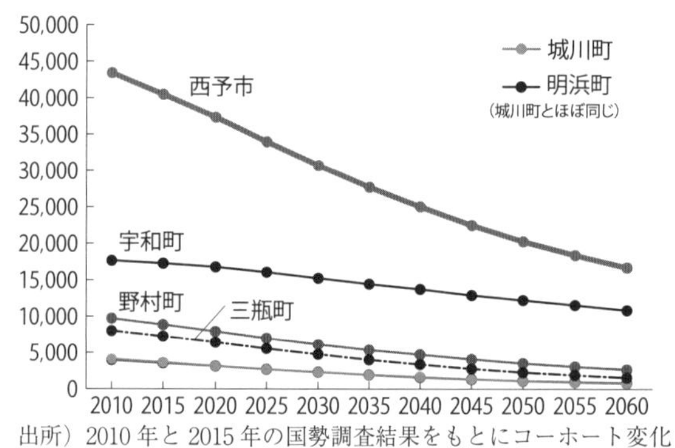

出所）2010年と2015年の国勢調査結果をもとにコーホート変化率法によって筆者作成

としている（前掲書，p.62）。それでは、西予市ではどうなっているであろうか。

旧明浜町では、2010年から2015年まで、たしかに4歳以下の子どもが12人増えている。しかし、同時期、30代は61名の大幅減を記録している。親世代が減少傾向にある中、どうして子どもが増加したのかは、わかりかねる。2010年の20代のコーホートが、2015年には減少しているので、2020年以降の出生数の推計値は、結局、減少と推計されてしまう。今から45年後の2060年には現在の約4分の1の824人になってしまうという、驚くべき推計値となった。

旧宇和町では、2010年から2015年までの間で、4歳以下の子どもが85人減少している。同時期、30代はやはり202人の減少である。人口減少の速度は、他の旧町よりも緩やかで、2060年には1万851人と推計され、1万人を維持している。高齢化率も30％台を維持すると予想されている。

旧野村町では、2010年から2015年までの間で、4歳以下の子どもが56人の大幅減を記録している。同時期、30代はやはり68人の減少である。2060年には779人になると推計され、明浜町同様千人を割り込んでしまうという結果であった。

旧城川町では、2010年から2015年までの間で、4歳以下の子どもは8人の減少である。さらに、30代は50人の減少である。2060年には2,667人と推計され、現在の4分の1以下に落ち込んでしまう。

旧三瓶町では、2010年から2015年までの間で、4歳以下の子どもが38人の減少である。30代はやはり141人の減少で、減少幅は大きい。2060年の人口は1,567人になると推計され、大幅な人口減少に見舞われるという結果になっている。現在の高齢化率は43.6％で、旧5町中3番目の値である。しかし、今後の高齢化が一段と進み、2060年では高齢化率55.7％と、旧5町の中で最も高い高齢化率となるという推計結果であった。

以上のように、西予市をみると、4歳以下の子ども数の増加は、旧明浜町で例外的にみられただけであり、30代は全地域にわたって減少している。この5年で、人口の地方定住が進んだとは、到底言えない状況である。

西予市全体でみると、2015年に4万人あった人口は、2060年には1万6,688人という推計で、現在の半分以下になってしまう。

図2−2をみるとわかるように、今後、旧宇和町以外の地域の人口がますます減少していき、西予市全体の人口と旧宇和町の人口が、かなりの勢いで近づいていっているのがわかる。1960年では、旧宇和町が5町の中に占める人口の比率は28.7％にとどまっていた。それが2015年には42.6％にまで上昇した。コーホート変化率法を用いた人口推計によれば、2060年にはそれが65.0％に達するという結果になった。中心部の旧宇和町に、ますます人口の集約が進むと予想されるのである。

このように、西予市についていえば、「田舎の田舎」では現に人口は増えていない。この趨勢を未来に延長して推計を行うコーホート変化率法によれば、当然のことながら今後ますます旧宇和町への集約が進むという予想になる。

表2－5　西予市旧町別の人口推計：出生数の増加および社会減が改善した場合（人）

	2010年	2015年	2020年	2025年	2030年	2035年	2040年	2045年	2050年	2055年	2060年
明浜町	3,973	3,556	3,135	2,717	2,346	1,992	1,690	1,432	1,230	1,078	947
宇和町	17,649	17,272	16,843	16,287	15,637	15,066	14,530	13,964	13,538	13,143	12,717
野村町	9,702	8,844	7,941	7,068	6,259	5,557	4,940	4,349	3,844	3,441	3,077
城川町	4,099	3,623	3,144	2,717	2,344	2,003	1,702	1,418	1,191	1,018	874
三瓶町	7,996	7,218	6,419	5,598	4,827	4,122	3,501	2,930	2,459	2,076	1,760
西予市	43,419	40,513	37,482	34,387	31,413	28,740	26,363	24,093	22,262	20,756	19,375

出所）表2－4に変数の操作を加えて筆者作成

市町村合併によって形成された新市域を単位とした集計や推計は、各地域の実情を映し出していない、というのはそのとおりである。しかし、それは藤山のいうところと逆の意味でである。西予市を単位とした集計は、むしろ周辺地域の深刻な人口減少を蔽い隠していたと言えるのである。

現在、国は「地方創生」を掲げ、各自治体に人口の地方定住策の策定を求めようとしている。そこで西予市において、2015年当時1.67であった合計特殊出生率をなんらかの政策的措置により、2030年までに段階的に2.0へ改善させ、以後この水準で安定したとする。この仮定にしたがって、2030年以降の出生数をコーホート変化率法の推計値の20%増として推計すると、2060年の西予市の推計人口は約1万8千人にまで改善する。また出生率の改善に加えて、UIJターンの増加等によって、社会減が今後30年間徐々に少なくなり、2045年で半減するとしてみる。日本創成会議の、今後、地方から都会への人口移動がますます増加するという予想と真逆の想定を加えるわけである。この仮定にしたがって、20代・30代および60代前半の人口をコーホート変化率法によって得られた推計値よりも徐々に増やしていき、2045年時点で3%増大させ、以後この値が継続するとしてみた。その結果、2060年の推計人口は1万9,400人弱となる。性別5歳階級別の変化表を載せると煩雑になるので、旧町ごとの結果のみ、**表2−5**に示した。

合計特殊出生率が2.0に回復し、社会減が大幅に減少するというかなり楽観的な見通しでもって推計を行っても、西予市の人口は2060年までに半減してしまうという結果になった。これは、日本創成会議の報告が指摘するように、

20代・30代の女性や将来のその年代になる層がすでに縮小してしまっているため、出生率が回復したところで、出生数が劇的に増えるというわけにはいかないためである。

4　「地域人口１％取り戻し戦略」の適用

前節では、藤山の提言にしたがって、西予市を例にコーホート変化率法による人口推計を行ってみた。その結果は、はかばかしいものではなく、結果的には社人研の推計値と大差ないものとなった。(3)

藤山は、コーホート変化率法の利点として、過疎地域において「「では、どのくらい、どうすれば、よいのか」という具体的な「処方箋」」を導き出せる点にあるという（藤山，2015a, p.101）。その処方箋として提示されたのが、「地域人口1％取り戻し戦略」である。第2節で紹介したように、毎年、地域人口の1％を新たに取り戻していけば、人口の定常化が達成できるという議論である。

そして藤山は、「実際に計算してみると、毎年の取り組みとしては意外に小さな数字となることに、みなさん驚かれます」（前掲書，pp.126～127）とも述べている。たしかに、わずか1％でいいのか、と感じる人も多いであろう。また、「人口問題は、あせって集中的な是正を図ると、必ず長期的な反動がやってきます。田園回帰は、ゆっくり、じっくり進めたいですね」とも述べている（前掲書，p.127）。

そこで藤山の言うところにしたがって、「人口1％取り戻し戦略」を、西予市に適用してみることにする。現在、人口4万人程度の西予市の1％といえば、400人である。「1％取り戻し」というのならば、5年間で2,000人程度の人口が西予市内に転入してくればいいことになる。そこで、コーホート変化率法によって求められた推計値に対して、0歳～4歳、5歳～9歳、10歳～14歳の子ども世代のコーホートと、20歳～24歳、25歳～29歳、30歳～34歳、35歳～39歳の人口移動が激しい若年世代と田園回帰が観察されるという親世代、そして定年を機にUIJターンが行われるという60歳～64歳のコーホートを加えて、合計8コーホートに対して、男女それぞれ5年間で100人ずつ加えて推計してみた。8コーホート×2（男女）で、1,600人（年間320人）を加算したということである。320人だと年0.8%ということになるけれども、0~4歳のコーホートについては、コーホート変化率法を用いると、25歳~34歳の女性の人口が増加すると自動的に増える設定(2)になっているため、0.8%よりも1%に近い水準になっている。

表2−6は、2016年から2035年までの20年間、毎年320人が、今まで以上に西予市に流入したと仮定してみた結果である。そうすると、4万1千人から4万2千人で人口は安定する。高齢化率も大きく改善して、2060年には25.3%となる。2036年以降も、同様の想定を行えば、今度は人口が大きく増加していく。

毎年1%の人口を取り戻せば、たしかに魔法のように人口の定常化が実現できる。それどころか、20年後からは人口増加が見込めるようになるのである。

前節の終わりで、かなり楽観的な見通しの上で人口推計を行っても、2060年に人口半減とされた西予市が、なぜこのように人口定常化を達成できてしまうのであろうか。この点について、新たな人口推計に用いた年間320人の転入増という数字がどのような意味をもつものなのか、検討してみたい。そのために、西予市の実際の社会移動の様子を、次にみてみることにする(**表2−7**)。

西予市の社会移動は、2013年の値で、転入920人、転出1,045人となっており、125人の社会減である。県外との移動は、転入・転出が拮抗している。県内の移動は129人の転出超過になっている。宇和島市・八幡浜市・大洲市といった周辺の自治体との間では、むしろ転入が上回っている。西予市の社会減は、数字の上ではそのほとんどが松山市との間で生じている。大都市圏に人口が流出しているというわけではない。

5歳階級別にみると(**表2−8**)、社会移動が激しいのは10代後半から30代までの期間である。全体でみると、高校卒業後から20代前半まで大幅な転出超過になっている。しかし、20代後半から、若干転入超過傾向になる。しかし、15歳から24歳の時に生じる転出超過を埋めきれず、全体として社会減となってしまう構造になっている。

40代以上では、転入・転出ともに減少する。60代前半では転入49人、転出27人で、22人の転入超過になっている。定年帰郷という現象が生じていることがうかがわれる。

表２－６　西予市の人口推計：毎年 320 人増加 × 20 年間（人）

男女計	2010 年	2015 年	2020 年	2025 年	2030 年	2035 年	2040 年	2045 年	2050 年	2055 年	2060 年
総数	42,080	40,513	40,622	41,126	41,689	42,479	41,937	41,338	41,366	41,792	42,125
高齢化率	36.9	39.6	38.9	36.5	33.5	30.3	29.1	27.3	25.4	24.1	25.3

男	2010 年	2015 年	2020 年	2025 年	2030 年	2035 年	2040 年	2045 年	2050 年	2055 年	2060 年
総数	19,578	19,115	19,531	20,226	20,909	21,730	21,796	21,922	22,369	22,970	23,473
0～4 歳	739	629	840	1,005	1,016	986	898	909	964	1,002	911
5～9 歳	856	749	738	952	1,119	1,129	1,000	910	921	978	1,015
10～14 歳	932	869	860	849	1,066	1,236	1,147	1,015	924	935	992
15～19 歳	786	870	811	803	792	995	1,153	1,070	947	863	873
20～24 歳	412	622	788	742	736	727	788	913	847	750	683
25～29 歳	704	673	1,116	1,388	1,312	1,302	1,187	1,287	1,491	1,384	1,225
30～34 歳	999	792	857	1,356	1,661	1,576	1,464	1,336	1,448	1,677	1,557
35～39 歳	1,012	1,050	932	1,001	1,525	1,846	1,656	1,539	1,404	1,521	1,763
40～44 歳	980	1,057	1,097	974	1,045	1,593	1,928	1,730	1,607	1,467	1,589
45～49 歳	1,100	1,030	1,111	1,153	1,024	1,099	1,674	2,027	1,818	1,689	1,541
50～54 歳	1,343	1,161	1,087	1,173	1,217	1,080	1,160	1,767	2,139	1,919	1,783
55～59 歳	1,593	1,352	1,169	1,094	1,180	1,225	1,088	1,167	1,778	2,153	1,932
60～64 歳	1,916	1,658	1,507	1,316	1,139	1,329	1,275	1,132	1,215	1,851	2,241
65～69 歳	1,409	1,864	1,613	1,466	1,281	1,108	1,292	1,240	1,101	1,182	1,801
70～74 歳	1,449	1,299	1,718	1,487	1,352	1,181	1,022	1,192	1,143	1,015	1,090
75～79 歳	1,452	1,284	1,151	1,523	1,318	1,198	1,046	905	1,056	1,013	900
80～84 歳	1,141	1,148	1,015	910	1,204	1,042	947	827	716	835	801
85～89 歳	530	740	745	658	590	781	676	614	537	464	541
90 歳以上	225	268	374	376	333	298	395	342	311	271	235

女	2010 年	2015 年	2020 年	2025 年	2030 年	2035 年	2040 年	2045 年	2050 年	2055 年	2060 年
総数	22,502	21,398	21,092	20,899	20,780	20,749	20,141	19,416	18,997	18,822	18,652
0～4 歳	646	603	810	968	978	950	861	871	925	960	873
5～9 歳	726	706	759	985	1,158	1,169	1,038	941	952	1,010	1,050
10～14 歳	845	704	785	836	1,055	1,222	1,133	1,006	913	924	980
15～19 歳	794	809	674	751	800	1,010	1,170	1,085	964	874	884
20～24 歳	511	598	709	608	666	703	761	881	817	726	658
25～29 歳	703	647	857	998	869	943	990	963	1,116	1,035	919
30～34 歳	950	761	800	1,028	1,180	1,041	1,021	1,072	1,043	1,208	1,120
35～39 歳	1,043	945	857	896	1,122	1,274	1,036	1,015	1,066	1,037	1,202
40～44 歳	985	1,033	936	849	888	1,112	1,262	1,026	1,006	1,056	1,027
45～49 歳	1,113	1,021	1,071	970	880	920	1,152	1,308	1,063	1,042	1,094
50～54 歳	1,284	1,130	1,037	1,087	985	893	934	1,170	1,328	1,079	1,058
55～59 歳	1,646	1,311	1,154	1,058	1,110	1,006	912	954	1,195	1,356	1,102
60～64 歳	1,923	1,693	1,448	1,287	1,189	1,242	1,034	938	981	1,229	1,395
65～69 歳	1,631	1,870	1,646	1,409	1,251	1,156	1,207	1,006	912	954	1,195
70～74 歳	1,864	1,626	1,864	1,641	1,404	1,247	1,152	1,204	1,003	909	951
75～79 歳	2,006	1,785	1,557	1,785	1,572	1,345	1,195	1,103	1,153	960	871
80～84 歳	1,859	1,823	1,622	1,415	1,622	1,428	1,222	1,086	1,003	1,048	873
85～89 歳	1,174	1,435	1,407	1,252	1,092	1,252	1,103	943	838	774	809
90 歳以上	797	898	1,098	1,076	958	836	958	843	722	641	592

出所）表２－４に変数の操作を加えて筆者作成

表２－７　西予市の 2013 年の地域別転出入（人）

2013 年		転入数	転出数	純移動数
県内		579	708	−129
	松山市	186	318	−132
	宇和島市	77	77	0
	八幡浜市	87	65	22
	大洲市	77	66	11
県外		341	337	4
	首都圏	63	62	1
	関西圏	91	95	−4
合計		920	1045	−125

出所）西予市ホームページより筆者作成
＊「首都圏」は、東京都・神奈川県・埼玉県・千葉県
　「関西圏」は、大阪府・京都府・兵庫県

表２－８　西予市の 2013 年の５歳階級別社会移動（人）

男女合計	転出数	転入数	男性	転出数	転入数	女性	転出数	転入数
総数	1,045	920	総数	512	461	総数	533	459
0〜4 歳	64	78	0〜4 歳	34	43	0〜4 歳	30	35
5〜9 歳	42	32	5〜9 歳	19	16	5〜9 歳	23	16
10〜14 歳	16	20	10〜14 歳	9	11	10〜14 歳	7	9
15〜19 歳	114	34	15〜19 歳	56	19	15〜19 歳	58	15
20〜24 歳	212	147	20〜24 歳	90	65	20〜24 歳	122	82
25〜29 歳	143	164	25〜29 歳	77	67	25〜29 歳	66	97
30〜34 歳	87	105	30〜34 歳	48	54	30〜34 歳	39	51
35〜39 歳	90	82	35〜39 歳	43	41	35〜39 歳	47	41
40〜44 歳	55	48	40〜44 歳	34	28	40〜44 歳	21	20
45〜49 歳	33	25	45〜49 歳	17	16	45〜49 歳	16	9
50〜54 歳	32	41	50〜54 歳	22	25	50〜54 歳	10	16
55〜59 歳	19	32	55〜59 歳	11	17	55〜59 歳	8	15
60〜64 歳	27	49	60〜64 歳	12	32	60〜64 歳	15	17
65〜69 歳	19	24	65〜69 歳	9	12	65〜69 歳	10	12
70〜74 歳	13	10	70〜74 歳	7	6	70〜74 歳	6	4
75〜79 歳	20	7	75〜79 歳	8	2	75〜79 歳	12	5
80〜84 歳	22	5	80〜84 歳	9	1	80〜84 歳	13	4
85〜89 歳	17	10	85〜89 歳	5	4	85〜89 歳	12	6
90 歳以上	20	7	90 歳以上	2	2	90 歳以上	18	5

出所）西予市ホームページより筆者作成

このような社会移動の実態がある西予市において、これから毎年320人取り戻していくということは、100人から130人の社会減をなくした上で、さらに200人の転入増に転換させ、それを一時的なもので終わらせるな、と言っているに等しいわけである。

「1％取り戻し」というのは、「毎年の取り組みとしては意外に小さな数字」ではなくて、実際にはとてつもなく高い目標だといえるのである。実は、これだけの転入増加があれば、容易に人口の定常化ができるであろうという水準の数値なのである。

5　田園回帰１％論の功罪

地域人口を1％取り戻すという目標が、けしてたやすいものではなく、むしろ実現がきわめて困難な設定であることが、西予市への適用からわかったといえる。にもかかわらず、「意外に小さな数字となることに、みなさん驚かれます」というような状況が生まれるのは、「1％」という値が、非常に小さなものに感じられるからである。「各世代１組ずつ、計３組７人の定住を毎年増やすだけで、地域全体の将来人口シナリオは、大きく変えることができるのです。二条地区全体の人口が572人ですので、その約1％強（1.2％）を今よりも多く取り戻せば、未来は開けるのです」（藤山，2015a, p.116）という言い方も同じである。地区に年３組の家族の移住ならば、実現できそうな目標のように感じられるのである。「毎年1％」「年３組」、これは言葉の魔術である。いかにも努力次第で達成できそうなイメージをまとわせている。しかし、そうではないのである。

藤山は別のところで、「「1集落1年1組」増加方式で還流すると、2010年に1,494人だった人口は2050年に5,444人となり、「過疎以前」の1960年の5,288人を上回ります」とも述べている（藤山，2015b, p.36）。なんと、40年間で3.5倍以上に人口が増えるというのである。日本全体が人口減少過程にある中で、この人口の伸びは、「人口爆発」と呼んでもいいような驚異的な人口成長である。もしある国家が、今後40年間で人口が3.5倍になると予想されたら、人口抑制が喫緊の課題とされるであろう。はからずもこの推計が示しているように、「人口1%取り戻し」というのは、実はかなり野心的な人口増加戦略なのである。また、けして「ゆっくり、じっくり」というような速さではないのである。

島根県の人口還流に向けた実践やその成果自体は、評価せねばならない。また「地域人口1%取り戻し戦略」について藤山は、「未来に向けて地域住民を元気づける大きな効果があります」(藤山, 2015a, pp.116~117) と述べている。そのような面があることも認めねばならないだろう。地域住民に、諦観と絶望感を抱かせかねない日本創成会議の報告よりも、その点ではすぐれているのかもしれない。

「地域人口1%取り戻し戦略」の要諦は、不可避である過疎地の人口自然減を、社会増で埋め合わそうという点にある。それは、移住者をいかに獲得するかというところにつながっていく。この戦略が地方の政策担当者に受容されれば、政府の地方創生政策とあいまって、地方の移住者獲得競争を呼び起こすようなことにはならないだろうか。

藤山は、都市部において地方へ移住を希望する人は無尽蔵であるかのような楽観的なことを述べている。しかし、地方に地方独自のよさがあるように、都市には都市の魅力があり、豊富な雇用があり、大都市でなければ成り立たない職種も多数存在する。また、都市居住者は、そこで生活の基盤を築いている人がほとんどなのである。限られた地方移住希望者を継続的に呼び込むために、各市町村の間で移住者獲得競争が過熱化しないともかぎらない。ふるさと納税が、本来の趣旨を逸脱した返礼品のサービス合戦を生み出したように、過剰な移住促進政策、行き過ぎたサービス供与が生じる可能性もないとは言えない。

「1%取り戻し」が、藤山の主張するような無理のない目標ならば、地方の全自治体がその目標実現に取り組めばいいわけである。しかし、前節で検討したように、実はかなり達成困難な目標であると言えるのである。そのなかで、地方の市町村を競争の原理に巻き込んで、1%還流の目標を達成できた「勝ち組」町村と、努力が足りない「負け組」町村といったような色分けができたり、元から居住している住民に対する行政サービスが等閑視され、移住者獲得のための政策費が膨らんだりというようなことは起こり得ないだろうか。そのような危惧を指摘して、本章を終えることにする。

付　記

本章は、「「田園回帰 1％論」の功罪」『松山大学論集』第 27 巻第 4 号（2015 年）を加筆修正のうえ転載した。

注

(1) 調査対象者は、愛南町の選挙人名簿より無作為抽出された 1,460 名。調査は、2014 年 10 月 2 日～ 10 月 14 日に郵送にて行われた。調査票の有効回収数 610 票（回収率 41.8％）であった。愛南町は、高知県と境を接する愛媛県最南端の町で、主たる産業は養殖水産業である。日本創成会議の推計によれば、2010 年の人口 2 万 4,061 人、若年女性人口 1,700 人が、2040 年にはそれぞれ 1 万 396 人と 357 人に減少するとされている。若年女性人口の減少幅は－79.0％で、愛媛県内 20 市町の中で最も大きいと推計されている。

(2) コーホート変化率法では、0 歳～ 4 歳の過去 5 年間の変化率が計算できないため、婦人子ども比率を用いて推計する。直近の年の 25 歳～ 34 歳の女性数と 0 歳～ 4 歳コーホートの人口の比率を、将来も続くものとして推計していくので、25 歳～ 34 歳の女性数が増加すれば、自動的に 0 歳～ 4 歳の推計人口も増えることになる。

(3) 国立社会保障・人口問題研究所の推計は 2040 年までで、2040 年に西予市の人口は 2 万 5,242 人と推計している。コーホート変化率法では 2 万 5,043 人である。

参考文献

明浜町誌編纂委員会，1986，『明浜町誌』明浜町役場
宇和町誌編纂委員会，1976，『宇和町誌』宇和町
城川町誌編集委員会，1976，『城川町誌』城川町
野村町誌編纂委員会，1997，『野村町誌』野村町
藤山浩，2015a，『田園回帰 1％戦略――地元に人と仕事を取り戻す』農山漁村文化協会
藤山浩，2015b，「中国山地における「田園回帰」」小田切徳美・藤山浩・石橋良治・土屋紀子，『はじまった田園回帰』農山漁村文化協会
増田寛也編，2014，『地方消滅――東京一極集中が招く人口急減』中公新書
三瓶町誌編さん委員会，1983，『三瓶町誌 上・下』三瓶町

第 3 章

原発は過疎地を救うのか
——伊方原発の経済効果

1　原子力発電所は過疎地域振興に効果があるのか

軍事基地でも原子力発電所でも、その受け入れにはその地域で賛否両論あり、ときに激しい対立を地域内に生じさせる。しかし、いったん造られてしまうと、そこに雇用が生まれ、関連需要が生じ、税収があがり、その施設から恩恵を受けるようになる。

原子力発電所は何千億円もの巨費を投じて建設され、立地自治体には交付金や税収という形で大金が流入する。原発立地現地には雇用や関連需要が生まれ、立地現地は原発の経済効果に浴して存しているように思われる。ところが、そのような見方を「経済神話」と断じたのが、2017年に刊行された新潟日報社原発問題特別取材班『崩れた原発「経済神話」』である。このなかで特別取材班は、東京電力柏崎刈羽原発が立地する柏崎市の製造業、建設業、卸売·小売業、サービス業の4産業の市内純生産額の推移を分析することによって、柏崎刈羽原発の地域に及ぼす経済効果を検証している。その結論は、「原発が立地地域の産業に貢献するという説は、柏崎市の市内純生産額などのデータの推移を見る限り、根拠の乏しい「神話」に過ぎなかった。実態は、建設業に一時的な恩恵を与えただけで、ほかの主要業種には大きく波及していないという限定的なものだった」(前掲書, p.64) というものであった。

柏崎市は、株式会社リケンの主力工場が市内にあり、製造業のまちである。人口も10万人規模の地方都市である。その柏崎市が、さらなる飛躍を目指して東京電力の原発を受け入れたのである。しかし、もともと製造業が盛んな地方都市では、原発の経済効果は微細なものにとどまったとされる。では、農業・水産業以外にめぼしい産業がない過疎地への原発立地の場合は、どうであろうか。愛媛県の佐田岬半島に位置する伊方町は、半島部ゆえ平地に乏しく、そうした過疎化が進行する地域の典型であった。こうした過疎地において、原発誘致は地域活性化、過疎解消の切り札、ないし起爆剤となったのであろうか。

兼平裕子は伊方町に原発立地が及ぼした効果について、「過疎に悩む地方の自治体にとっては、40年前の原発誘致は、千載一遇の地域振興のチャンスであった。たしかに、1号機から3号機までの建設によって、1974（昭和49）年から2008（平成20）年までの電源立地促進対策交付金をはじめとする各種交付金・補助金受給の総額は、150億6,727万円にのぼり、金銭面では十分な地域振興に役立った。近隣市町では人口減少が著しいのに対し、伊方町と保内町（現・八幡浜市）では人口の減少が鈍化あるいは横ばいに転じている」とし、「電源三法による交付金、発電設備の償却資産にかかる固定資産税、法人住民税等による税収によって伊方町の財政力指数は上昇し、雇用創出効果ももたらされ、社会生活基盤の整備も可能になった」（兼平, 2011, p.89）と評価している。

一方、張貞旭も「伊方町における原発立地と地域経済・地方財政」「原発立地地域の合併と地域経済・地方財政の変化について――愛媛県伊方町を中心に」において、伊方原発が地域経済と町財政にどのような効果をもたらしたのかを分析している。張は結論として、「伊方町も地場産業が衰退するにつれて、原発関連収入への依存度が極めて高くなる一方、ハコモノが過度に目立つ町である。原発立地の地域産業の発展及び雇用創出効果は限られており、また地方財政への寄与度も急減するという、原発効果の不安定性と一過性を窺うことができよう」（張, 2006, p.63）と、兼平とは逆に批判的な結論に至っている。

このように評価が分かれるなかで、新潟日報社が採った手法を用いて、あらためて伊方原発の経済効果について再検証してみたい。伊方原発が立地している伊方町は、西宇和郡に属し、八幡浜市とつながりが深い。愛媛県では、八幡浜市と西宇和郡をあわせて、八西（はっせい）地域と呼称されている。そこで本章では、分析の対象を八西地域全体に広げてみることにする。というのも、「国道197号線などの道路の整備とモータリゼーションの進行により、労働者と地元住民の大部分は隣接の保内町や八幡浜市への依存度をさらに高めて」(張, 2006, p.57) いるという状況があるためである。伊方町側からすると、原発の経済効果が旧保内町や八幡浜市へ流出しているとみえるのである。このようなことから、八西地域全体でみて原発が過疎化対策に有効であったかどうかを検討していきたい。

まず次節では、旧伊方町・旧瀬戸町・旧三崎町の概要について述べる。第3節では、伊方町で行った意識調査[(1)]の結果をもとに、住民が伊方原発をどのように評価しているか簡単に示したい。第4節で、伊方原発が伊方町の人口にどのような影響を与えたのかを検討する。さらに第5節では、新潟日報社の手法にならって、伊方町の製造業、建設業、卸売・小売業、サービス業の純生産額の推移を分析することによって、伊方原発が過疎地域に与えた経済活性化効果について論じることにする。これらのことを通じて、果たして原発は、過疎地域の活性化に益するものなのかどうか、あきらかにしたい。

2　八西地域の概要

八幡浜市と西宇和郡（旧保内町・旧伊方町・旧瀬戸町・旧三崎町・旧三瓶町）は歴史的、文化的、行政的に結び付きが強かった。この地域を愛媛県では八西地域と呼びならわしてきたというのは、すでに述べたとおりである。このうち、旧三瓶町は地理的に八幡浜市の南に位置し、「平成の大合併」では東宇和郡の合併枠組みに参加し、現在は西予市の一部になっている。以下では、この旧三瓶町を除いた八西地域の1市4町の概要について述べることにする。

西宇和郡の旧4町が存する佐田岬半島は、東西に40kmほど、海に長く突き出た半島である。幅がせまいため、「日本一細長い半島」とも呼ばれている。その突端は、四国最西端であり、豊予海峡に臨んでいる。半島は尾根のように伸びていて、海辺に集落が点在している。遮るものがないので、風が強いのが

地図　八西地域とその周辺

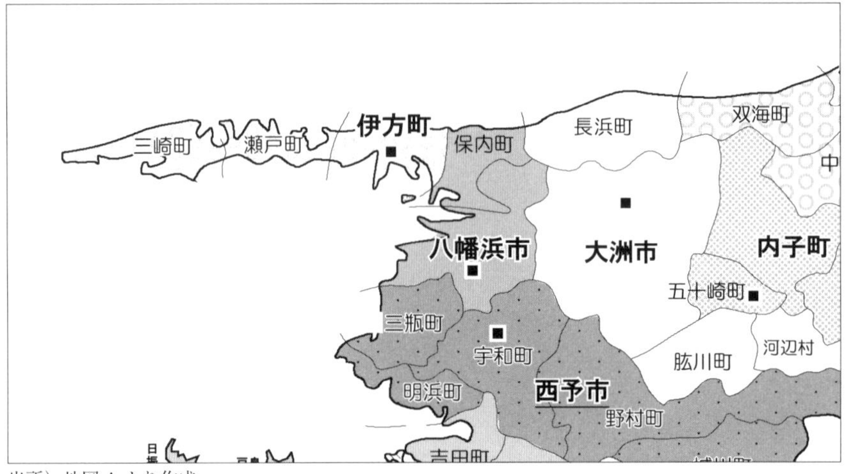

出所）地図 A より作成

1 つの特徴である。かつての国道 197 号線は、この集落を海沿いに結んでいたため、狭い幅員や曲がりくねった道が続き、通行に不便であった。1987 年に半島の稜線を走る通称「メロディーライン」が完成して、道路事情は大幅に改善された。

この佐田岬半島の付け根部分に八幡浜市が存在し、そこから順に西へ、旧保内町、旧伊方町、旧瀬戸町、旧三崎町が位置している。このうち、旧伊方町、旧瀬戸町、旧三崎町の 3 町が 2005 年 4 月 1 日に新設合併して新「伊方町」が成立している。

八幡浜市は、八西地域の中心都市である。市域は瀬戸内海と宇和海に面しており、宇和海側には天然の良港が存在する。また、この地では、江戸時代から農漁家の副業として木綿が盛んに織られていた。明治になると、次々と機屋を開業するものが現れ、九州方面に販路を開拓していった。西南戦争、日清戦争などを機に綿織物工業は生産が拡大していった。

八幡浜町は、1935 年に神山町・千丈村・舌田村と合併して市制を施行し、八幡浜市となる。愛媛県内で 4 番目の市である。「昭和の大合併」では、1955 年に川上村・真穴村・双岩村・日土村を編入合併した。戦後の八幡浜市の織物業は、生産過剰、衣類の多様化、発展途上国の追い上げなどにより衰勢に向かっていった。また、1960 年代から 70 年代にかけて、平地に乏しい八幡浜市内から他の製造業が市外へ流出していった。

八幡浜の主力産業の１つである水産業は、大正年間に沖合底曳き網漁業（通称トロール漁業）が導入された。この地は、水産業の一大中心地となった。八幡浜水産市場は「四国一の水産市場」と称された。しかし、乱獲の結果、漁獲高は減少し、水産市場の取扱高は急減した。一方、戦後の八幡浜農業では、柑橘類が主力産品となった。しかし、みかん生産は 1970 年代に入ると全国的な生産過剰状態にみまわれ、さらに農産物輸入自由化拡大の圧力にさらされるようになった。その結果、みかん価格は低迷する。八幡浜の果樹栽培と水産業は、どちらも困難な問題を抱えて、今日に至っている。

「平成の大合併」で八幡浜市と合併した保内町は、1955 年に川之石町・喜須来村・宮内村・磯津村の１町３村が合併して成立した町である。保内町の中心である川之石には、1872 年に愛媛県最初の国立銀行である第二十九銀行が創設されている。川之石に銀行ができた背景には、「ハゼの交易のために早くから金融機関「蠟座」を開設し、金融は豊かであった」（保内町誌編さん委員会 , 1999, p.642）というような事情があった。1887 年には、四国最初の紡績業である宇和紡績会社が設立されている。宇和紡績は変遷をたどった後、東洋紡績川之石工場として地域の基幹工場であり続けた。しかし、高い輸送費や設備の老朽化が問題となり、生産過剰や輸出不振といった繊維産業全体を取り巻く問題もあいまって、1960 年に閉鎖されてしまった。長い間、紡績業や製糸業が主力産業であった保内町は、これ以降、食品加工業が有力な産業になっていく。主なところでは、1954 年に柑橘加工・缶詰製造の日本柑橘工業が設立された。1965 年に魚肉ソーセージで有名な西南開発の工場が新設される。1974 年には製菓のあわしま堂の新工場が建設され、本社も八幡浜市から移転してくる。他に主だった製造業としては、1963 年から乾燥材の製造工場が町内で操業を開始している。

旧伊方町域では、1889 年の 町村制施行により伊方村と町見村が成立した。「昭和の大合併」で、1955 年に上記の２村が合併して、町制を施行し伊方町となる。佐田岬半島は、地形、道路事情、市場からの距離など、多くの不利な条件を抱

表 3 − 1　合併前の八幡浜市・西宇和郡地区の旧町別統計指標

	人口（人）	財政力指数	製造品出荷額（百万円）	農業産出額（1000 万円）	年間商品販売額（万円）
八幡浜市	30,767	0	13,146	826	7,363,372
保内町	10,396	0	20,487	240	1,156,586
伊方町	6,030	1	347	219	256,615
瀬戸町	2,381	0	1,242	85	60,650
三崎町	3,645	0	479	193	213,830
三瓶町	8,387	—	3,380	256	866,440

注 1）人口は、2005 年国勢調査より。
注 2）財政力指数・製造品出荷額・農業産出額・年間商品販売額は『統計からみた市町村のすがた』より。財政力指数は 2004 年度、製造品出荷額・農業産出額は 2003 年、年間商品販売額は 2002 年の数値である。
注 3）財政力指数の三瓶町は、西予市に一本算定されているため、記載なし。

える地域であった。そのようななかで、1969 年に旧伊方町の山本長松町長らは、四国電力に対して原子力発電所誘致の陳情を行った。ここから伊方原発建設計画が始まる。四国では、すでに愛媛県津島町、高知県窪川町の原発建設計画が住民の反対で頓挫していた。伊方町内でも反対運動が組織され、原発誘致の賛否をめぐって町内が二分される事態となった。

しかし、四国電力は用地買収を進め、1973 年に 1 号機の建設工事開始にこぎつけた。これは 1977 年に運転を開始している。さらに 2 号機が 1978 年に建設開始、1982 年に運転開始に至る。伊方では原発は 2 基までとされていたところを、四国電力は 3 号機建設を認めさせ、1986 年にその建設工事が開始された。この 3 号機は 1994 年に運転を開始している。1 号機、2 号機は原発としては比較的小規模で出力 56.6 万 kw、3 号機は 89.0 万 kw の出力である。

原発運転開始後は、1988 年に行われた出力調整運転や 2010 年に開始されたプルサーマルなどに対して、反対運動が行われている。福島第一原発の事故後は、伊方原発 1 号機・2 号機の廃炉が決まった。3 号機は国の安全審査に合格し、2016 年 8 月から再稼働を始めた。

表 3−1 にみられるように、合併前の旧伊方町の財政は電源開発交付金や四国電力からの固定資産税などで潤沢であり、地方交付税不交付団体であった。しかし、町内の産業をみると、農業産出額・製造品出荷額・年間商品販売額の

どれをとっても低調である。

旧瀬戸町域には、1889年に三机村と四ツ浜村が成立した。1955年に両村が合併して町制を施行して瀬戸町となっている。旧瀬戸町では、強風を利用した風力発電所の設置が進んだ。また、佐田岬メロディーライン沿いに開設された道の駅瀬戸農業公園は、愛媛県の道の駅第１号である。

三崎町域には、1889年に三崎村と神松名村が成立した。1955年に両村が合併して町制を施行し三崎町となる。旧三崎町は、大分県（佐賀関）と愛媛県を結ぶフェリーの発着場があり、九州から四国への玄関口となっている。佐田岬灯台という観光資源も有している。また、豊予海峡で獲れたアジ、サバを、「岬（はな）アジ」「岬（はな）サバ」というブランドとして確立しようとしている。

原発進出前は、佐田岬半島の３町とも、傾斜面を活かした柑橘栽培や漁業などの第１次産業が中心であったところは共通している。

3　伊方町民の原発に関する評価

次に、2018年10月に筆者が行った伊方町の住民を対象とする意識調査の結果の一部をみてみたい（**表3−2〜表3−5**）。伊方町の住民自身は、伊方原発をどのように評価しているのか、また肯定的に評価するものは原発によってどのような利益が地域にあると考えているのであろうか。

まず、「原発はあなたの生活によい影響をもたらしていると思いますか、思いませんか」については、「とても思う」「思う」をあわせると37.2%であった。逆に「まったく思わない」「思わない」をあわせると26.2%であった。生活によい影響をもたらしていると感じている人の方が10ポイント多い。

しかし、原発受け入れの是非をめぐって地域が分断されるような状況を招いた上で、町の命運をかけて誘致したというのに、「生活によい影響をもたらしている」と回答する人は、住民の３分の１をやや上回る程度である。原発に対する地域住民の評価は、思いのほか低いといえよう。

旧町別にみると、また異なるかもしれない。クロス集計を行ってみると、旧町と原発の生活への影響の評価は、カイ２乗検定の結果１%水準で有意であっ

表３－２　原発はよい影響をもたらしているか

	回答数	%
とても思う	36	9.9
思う	99	27.3
どちらともいえない	130	35.8
思わない	62	17.1
まったく思わない	33	9.1
無回答	3	0.8
合計	363	100.0

表３－３　旧町別　原発はよい影響をもたらしているか（%）

	思う	どちらともいえない	思わない	まったく思わない	%の基数
旧伊方町	49.2	35.8	9.5	5.6	179
旧瀬戸町	36.1	27.9	24.6	11.5	61
旧三崎町	20.5	41.1	25.0	13.4	112
合計	37.8	36.1	17.0	9.1	352

$\chi^2 = 34.175$　df = 6　P<0.01

注）「とても思う」「思う」は、「思う」に統合した。

表３－４　地域に原発がもたらす利益

	回答数	%
雇用に役立つ	128	35.3
各種交付金	73	20.1
電力の安定供給	54	14.9
過疎に歯止め	30	8.3
経済浮揚	23	6.3
わからない	25	6.9
特にない	26	7.2
無回答	4	1.1
合計	363	100.0

表３－５　旧町別　地域に原発がもたらす利益（%）

	雇用に役立つ	各種交付金	電力の安定供給	過疎に歯止め	特にない	%の基数
旧伊方町	45.8	15.5	16.1	19.0	3.6	179
旧瀬戸町	45.8	11.9	15.3	15.3	11.9	59
旧三崎町	20.6	37.3	17.6	11.8	12.7	102
合計	38.0	21.6	16.4	16.1	7.9	329

$\chi^2 = 39.346$　df = 8　P < 0.01

注）「過疎に歯止め」「経済浮揚」は、「過疎に歯止め」に統合した。
「わからない」は集計から除外した。

た。旧伊方町では、「とても思う」「思う」をあわせると49.2%、「まったく思わない」「思わない」をあわせると15.1%であった。旧瀬戸町では、同様に「思う」が36.1%、「思わない」36.1%である。旧三崎町では、それが「思う」20.5%、「思わない」38.4%となる。

旧伊方町では、原発を肯定的に評価する人の方が、他の２町よりかなり多くなる。しかし、それでも「生活によい影響をもたらしている」と思う人は半数ほどである。旧瀬戸町においては、肯定的評価と否定的評価が均衡する。伊方原発から地理的に離れる旧三崎町では、否定的評価の方が約18ポイント多い。

原発が具体的にどのようなよい影響を地域に与えていると考えるのか、「あなたのお住まいの地域に原発がもたらす地域利益は何だと思いますか」という質問をしてみた。最も多かったのが「雇用に役立つ」で35.3%であった。続いて「各種交付金」が20.1%であった。３番目に「電力の安定供給」という原発立地現地の枠を超えた社会全体の利益がきた。「過疎に歯止め」「経済浮揚」という地域全体の活性化を選んだ人は、ともに少数にとどまった。

旧町と原発の地域利益との関連をみると、カイ２乗検定の結果1%水準で有意であった。旧伊方町、旧瀬戸町では「雇用に役立つ」が45.8%で最も多かった。旧三崎町だけ異なる傾向を示している。「各種交付金」が37.3%で最も多く、「雇用に役立つ」は20%にとどまった。伊方原発は、旧伊方町のなかでも旧瀬戸町よりにあるので、「雇用」に関する利益を上げる人が旧瀬戸町でも多くなるのかもしれない。旧三崎町は原発から離れているため、雇用創出効果は感じづらく、「各種交付金」を挙げる人が増えるのだと思われる。

以上のように、自身の生活や地域に対する伊方原発の影響に関して、住民の評価は高いとはいえない。それはなぜなのか、人口の変化と産業の生産額の推移をみることにしたい。

4　伊方原発と人口

人口をみると、1960年代の高度経済成長期、佐田岬半島に存する４町は急減に見舞われている。1960年からの10年間で、中心都市の八幡浜市の人口は

表3－6　八西地域1市4町の人口推移（人）

年	八幡浜市	保内町	伊方町	瀬戸町	三崎町
1960	52,527	14,646	11,323	8,261	10,782
1965	50,005	12,710	9,924	6,626	9,269
1970	46,903	11,642	8,736	5,381	7,779
1975	45,259	11,705	8,965	4,539	6,888
1980	43,823	11,934	8,502	4,103	6,148
1985	41,600	12,022	8,163	3,726	5,535
1990	38,550	11,721	7,796	3,316	4,948
1995	35,891	11,519	7,149	3,104	4,534
2000	33,285	10,921	6,569	2,813	4,154
2005	30,767	10,396	6,039	2,410	3,643
2010	28,204	10,166	5,553	2,141	3,188
2015	25,305	9,646	4,992	1,860	2,774
2020	22,927	9,060	4,437	1,583	2,377

出所）国勢調査より作成

図3－1　八西地域旧4町の人口推移（人）

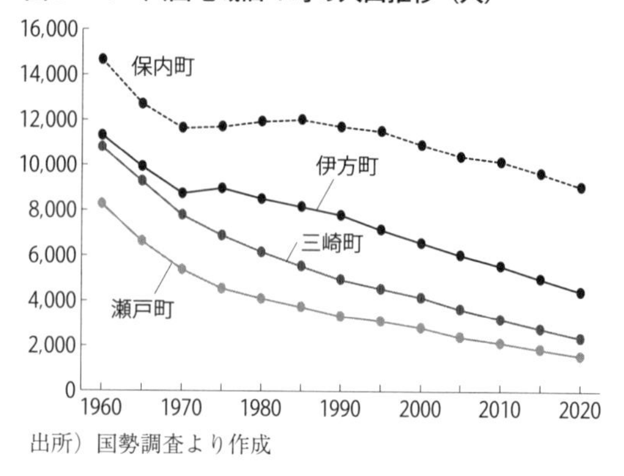

出所）国勢調査より作成

10.7％減、旧保内町が20.5％減、旧伊方町が22.8％減、旧瀬戸町が34.8％減、旧三崎町が27.9％減であった。旧保内町・旧伊方町が2割程度の減少幅、旧瀬戸町・旧三崎町に至っては3割前後の人口減少を記録していた。八西地域の郡部は、深刻な過疎化が進んでいた（**表3−6、図3−1**）。

前述のように伊方原発の建設計画が始まったのは1973年のことである。この時期、旧伊方町の人口は増加に転じている。原発が地域活性化の切り札となったかにみえたのは、この時点だけであった。伊方原発の運転が開始されて以降は、旧瀬戸町、旧三崎町と同じような軌跡を描いて、伊方町の人口は減少していっている。人口の推移をみるかぎり、原発建設に雇用創出と人口維持の効果はあっても、運転後には人口の増加や消費への波及効果がみられないといってよい。原発を建設していない保内町の方が、1970年以降は人口を維持できているのだから、伊方町の人々が原発立地による「過疎化に歯止め」を感じにくいのも無理はない。

にもかかわらず兼平裕子は、前にみたように「近隣市町では人口減少が著しいのに対し、伊方町と保内町（現・八幡浜市）では人口の減少が鈍化あるいは横ばいに転じている」と記述している。実際のところどうであろう。伊方原発１号機建設の最中である1975年から2015年までの40年間の人口の増減をみてみよう。旧八幡浜市は４万5,259人から２万5,305人へ減少し、44.1％減。保内町は１万1,705人から9,646人へ減少し、17.6％減。伊方町は8,965人から4,992人へ減少し、44.3％減。瀬戸町は4,539人から1,860人へ減少し、59.9％減。三崎町は6,888人から2,774人へ減少し、61.2％減。以上のように、この40年間で八幡浜市と旧伊方町は、同じ約44％の人口減少に見舞われている。

にもかかわらず兼平は、八幡浜市を「人口減少が著しい」と表現し、片や伊方町を「人口の減少が鈍化」と記す。いささか公平性に欠ける表現だといえよう。「メロディーライン」と呼ばれる国道197号線の整備された道路をみると「電源三法交付金事業による総額150億円の地域振興策効果のもたらす効果が大きかったことを改めて実感」（兼平，2011，p.104）するという兼平にあっては、あえて伊方町の人口減少を過少にみせたかったのであろうか。

ふつうの研究者であったならば、次のように問うのではないだろうか。原発が３機建設され、150億円もの資金が投下され、社会資本が整備されたにもかかわらず、なぜ伊方町は人口減少に歯止めがかからないのか、と。

また、この一文では、保内町の人口が横ばいであったことが伊方原発の恩恵であるかのように読めてしまう。この当否については、次節の中で検討することにする。

5　伊方原発の経済効果

前に述べたように、新潟日報社原発問題特別取材班『崩れた原発「経済神話」』では、柏崎市の製造業、建設業、卸売・小売業、サービス業の４産業の市内純生産額を分析することによって、柏崎刈羽原発の地域に及ぼす経済効果を検証している。同様に八西地域の市内純生産額を検証してみたい。

八西地域の生産額

まず、製造業からみていきたい。柏崎市の場合、「東芝など大手原発関連企業による地元対策としての工場誘致を別とすれば、原発立地による地元製造業全体への波及効果はない」（前掲書，pp.54〜55）と結論づけられている。八西地域の場合、旧伊方町・旧瀬戸町・旧三崎町には製造業はほとんど立地しておらず、八幡浜市・旧保内町の数値と比べると問題にならないような額である。これは、伊方原発立地以前も以後も変わりない。原発が進出しても、過疎地では立地した自治体の製造業に対する波及効果がまったくなかったといえる。

八幡浜市と旧保内町の製造業純生産額の推移をみると、八幡浜市は1990年代初めを頂点に、その後は減少していき、旧保内町に追い越されてしまっている（**表3−7、図3−2**）。一方、旧保内町は1997年まで右肩上がりで額を伸ばした。1997年は橋本龍太郎内閣の下で、消費税が5%に引き上げられ、緊縮財政政策が採られた。その結果、翌年から長期に渡る不況が始まった。旧保内町の製造業純生産額の落ち込みは、その影響を受けたものと思われる。

製造業従業者数をみると、八幡浜市は1966年に5,166人の製造業従業者がいた。それが減少の一途を辿り、2001年には3分の1以下の1,417人にまで落ち込んでいる。一方の旧保内町は、同じ期間に1,200人から1,900人の間を維持し続けた（**表3−8、図3−3**）。八幡浜市が全体として人口減少が継続した大きな要因が、この製造業の衰退である。旧保内町が人口を維持できたのは、逆に製造業が堅調だったためである。旧保内町の製造業は、2節でみたように食品加工業が中心で、他に乾燥剤などの製造会社が立地している。原発関連の直接の需要はないといっていい。原発とは関係のないところで、製造業が堅実に操業をつづけ、町内に雇用をもたらしたわけである。ただし、旧保内町でも、2000年以降、製造業従業者数が減少に転じている。それと歩調をあわせるように町の人口も減少が進んでいる。

東北電力女川原発がある女川町では、1965年まで人口が増加していた。これは、日本水産女川工場が1956年に建設され、稼働した効果が大きかったという。この工場は、1968年以降、事業縮小が続いた。それにともない町の人口も減少していった。そうしたなか、女川原発1号機の建設が1979年に始められ、1984年に運転を開始した。その間も、一貫して人口は減少し続けた。菊地登志子は、「水産加工業による雇用、経済への波及効果は人口増加に大きく表れている一方で、原発の建設・運転による人口増加はほとんどみられない」と述べ

表３－７　八西地域の製造業純生産額（百万円）

年	八幡浜市	保内町	伊方町	瀬戸町	三崎町
1969	2,433	961	36	6	36
1972	3,044	1,507	64	15	45
1975	5,850	2,938	116	23	78
1978	6,507	3,684	154	13	53
1980	7,565	4,311	337	15	58
1984	7,844	5,080	325	61	426
1987	8,792	6,551	332	157	525
1991	9,324	6,878	470	240	513
1994	9,095	8,056	487	282	481
1997	8,363	9,198	1,087	449	324
2000	6,526	6,493	189	279	295
2003	6,051	7,129	189	345	190

出所）愛媛県『統計からみた市町村のすがた』各年度版より作成

図３－２　八西地域の製造業純生産額（百万円）

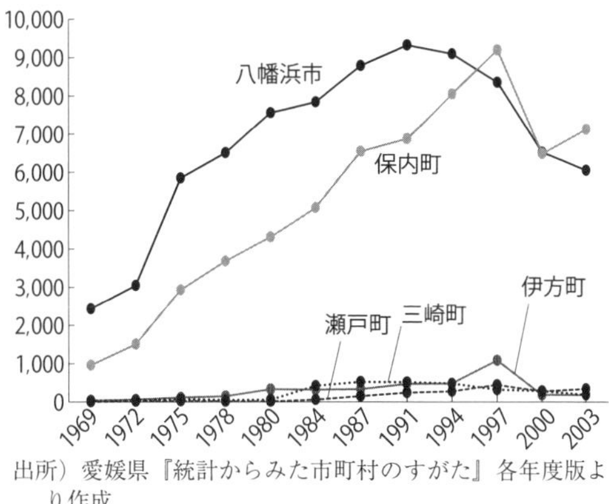

出所）愛媛県『統計からみた市町村のすがた』各年度版より作成

表３－８　八西地域の製造業従業者数（人）

年	八幡浜市	保内町	伊方町	瀬戸町	三崎町
1966	5,166	1,213	255	40	118
1969	4,830	1,341	423	25	83
1972	4,044	1,572	299	55	56
1975	3,674	1,484	319	39	40
1978	3,552	1,230	304	31	47
1981	3,184	1,487	369	64	112
1986	2,846	1,662	437	107	200
1991	2,343	1,823	331	105	203
1996	2,064	1,875	268	97	112
2001	1,417	1,440	128	75	52
2005	1,620	861	240	126	79
2010	1,333	783	267	124	52
2015	1,150	742	217	117	44

出所）愛媛県『統計からみた市町村のすがた』、『統計からみた市町のすがた』各年度版より作成

図３－３　八西地域の製造業従業者数（人）

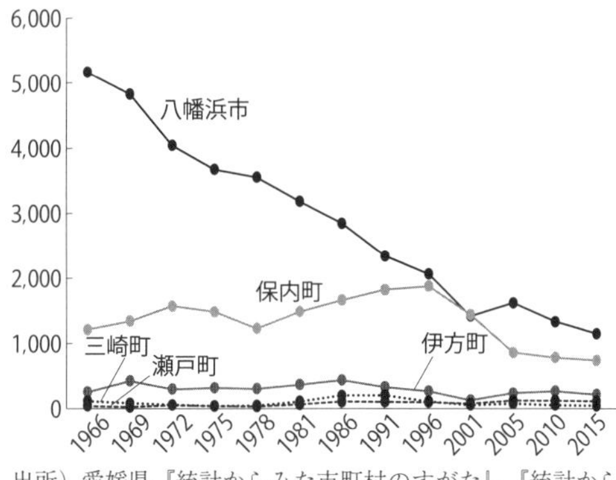

出所）愛媛県『統計からみた市町村のすがた』、『統計からみた市町のすがた』各年度版より作成

ている（菊地, 2019, p.88)。

女川町の事例は、製造業には波及効果はあれども、原発にはそれがないということである。旧伊方町と旧保内町も、同様の事例とみるべきである。兼平裕子が言うように「伊方町と保内町（現・八幡浜市）では人口の減少が鈍化あるいは横ばいに転じている」と並列するのではなく、原発を誘致した伊方町は人口が減少し続け、一方で製造業の立地が進んだ保内町は人口減少に歯止めがかかった、と対比的に記述すべきである。

製造品出荷額でみても、佐田岬半島3町の出荷額は取るに足りない。保内町は1990年代まで順調に出荷額を伸ばし、そこから横這い状態になっている。異様なのは八幡浜市で、1985年を頂点として、その後急速に減少してしまっている。1965年に83億8千万円で2004年が98億3千万円と、40年かけて元にもどってしまった。1960年代と2000年代とでは貨幣価値が全く異なるので、実質的には何分の1かに、縮小してしまったといえる（**表3−9、図3−4**)。

新潟日報社原発問題特別取材班は、「柏崎市の建設業の純生産額の推移からは、柏崎刈羽原発建設との相関関係がうかがえる。原発1号機着工の1978年度から大きく伸びて、三条、新発田両市の倍以上で推移した。その後も、新たな号機の建設が始まるたび、その直後には、純生産額が大きく跳ね上がる傾向がみられた」（新潟日報社, 2017, pp.60〜61）ことを指摘している。

伊方原発の場合、前述のように1号機の建設工事開始が1973年、2号機が1978年、3号機が1986年で、3号機の運転開始が1994年である。旧伊方町の建設業純生産額をみると、たしかに1号機建設工事が行われていた1975年に急増している（**表3−10、図3−5**)。しかし、その後は隣接する旧保内町と同程度の額であり、「新たな号機の建設が始まるたび」に大きく伸びるという現象は観察されない。むしろ、原発の建設がすべて終わった1994年以降に再び大きく増加している。1994年は八幡浜市・旧保内町も額を大きく伸ばしているので、バブル崩壊以後の景気対策が関係していたのかもしれない。旧伊方町は1997年まで純生産額が増加している。これは、町役場新庁舎建設などの公共施設の建設事業が関わっていると考えられる。これらの事業は、原発関連の交付金や税収による潤沢な旧伊方町財政のなせる業ともいえるので、伊方原発の間

表３－９　八西地域の製造品出荷額（百万円）

年	八幡浜市	保内町	伊方町	瀬戸町	三崎町
1960	5,761	574	58	20	86
1965	8,381	1,626	126	26	137
1970	10,663	5,470	195	30	166
1975	18,226	11,220	381	84	307
1980	25,531	16,919	1,643	53	239
1985	28,604	19,980	1,147	×	×
1990	27,148	21,753	1,012	535	1,116
1995	22,232	24,318	886	708	1,053
2000	16,635	22,431	316	597	568
2004	9,832	22,578	×	1,369	×

出所）愛媛県『統計からみた市町村のすがた』各年度版より作成

図３－４　八西地域の製造品出荷額（百万円）

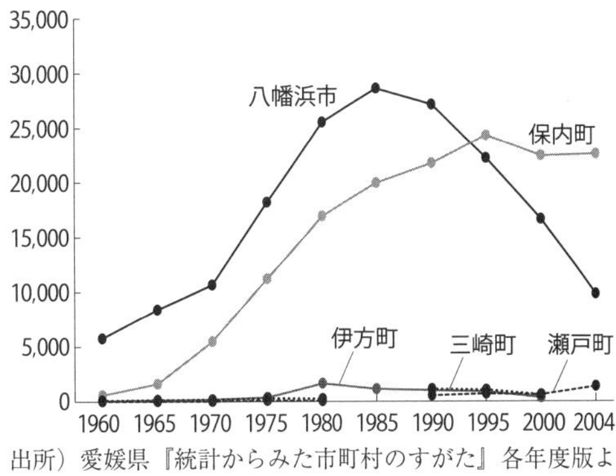

出所）愛媛県『統計からみた市町村のすがた』各年度版より作成

表３－10　八西地域の建設業純生産額（百万円）

年	八幡浜市	保内町	伊方町	瀬戸町	三崎町
1969	1,157	373	243	144	216
1972	1,560	552	437	245	457
1975	2,657	719	1,598	308	719
1978	4,125	1,237	1,350	870	1,034
1980	4,586	1,489	1,551	697	698
1984	4,540	2,357	2,199	767	980
1987	5,159	2,203	2,055	2,239	1,267
1991	5,488	3,183	2,332	1,617	3,113
1994	10,071	7,817	4,554	2,497	2,919
1997	8,537	3,156	6,426	1,071	1,676
2000	6,905	4,376	4,351	2,343	2,532
2003	6,935	4,232	3,013	857	1,707

出所）愛媛県『統計からみた市町村のすがた』各年度版より作成

図３－５　八西地域の建設業純生産額（百万円）

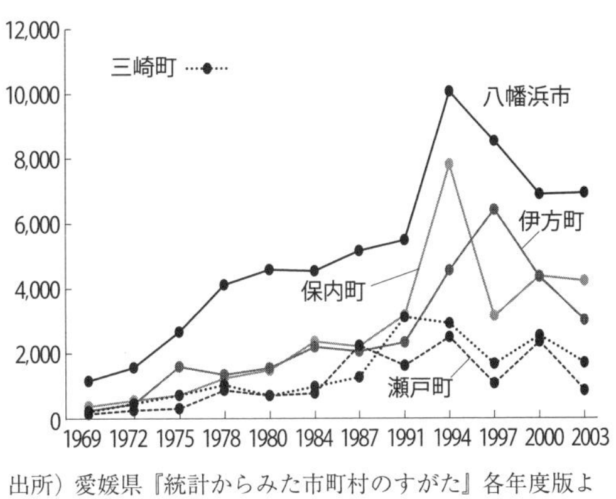

出所）愛媛県『統計からみた市町村のすがた』各年度版より作成

表3－11　八西地域の建設業従業者数（人）

年	八幡浜市	保内町	伊方町	瀬戸町	三崎町
1966	1,566	447	365	205	168
1969	1,142	339	219	117	114
1972	1,326	485	509	303	260
1975	1,543	464	1,136	282	114
1978	1,633	555	512	163	91
1981	1,793	642	445	202	194
1986	1,538	410	633	176	276
1991	1,162	516	833	133	262
1996	1,355	501	1,020	170	266
2001	1,106	396	914	137	216
2005	1,223	622	469	110	176
2010	957	513	309	79	93
2015	801	444	329	51	75

出所）愛媛県『統計からみた市町村のすがた』、『統計からみた市町のすがた』各年度版より作成

図3－6　八西地域の建設業従業者数（人）

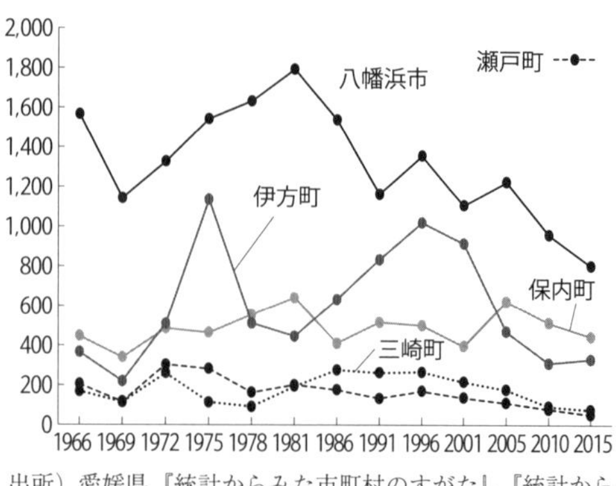

出所）愛媛県『統計からみた市町村のすがた』、『統計からみた市町のすがた』各年度版より作成

接的な効果とすることもできる。

他の八西地域の市町において、原発建設期間中に建設業純生産額が顕著な伸びを示したということはみられない。原発建設の波及効果というのは、意外と狭い範囲に限られるものである。

建設業従業者数をみると、やはり旧伊方町の従業者数は1975年に急増していて、八幡浜市に迫る勢いである（**表3－11、図3－6**）。この点では、伊方原発は雇用創出効果があった。しかし、3年後の1978年には半減してしまい、その効果があったのはごく短期間であった。旧伊方町の建設業従業者数が再び1,000人を超えるのは、やはり3号機の建設が終わった後の1996年なので、これは公共事業による雇用だと考えられる。

1号機・2号機の建設にともなう電源三法交付金事業は、「整備計画案を国に説明したときに、伊方の計画は泥臭いといわれたという」もので、「先送りしてきた事柄を、交付金事業で順次解決しようと小規模事業を数多く積み上げた整備計画」であった（『続伊方町誌』，2005，pp.27～28）。

電源交付金を用いた大型事業が本格化するのは1990年代に入ってからであ

る。『続伊方町誌』の記述から主だったものを拾い上げてみると、1990年地域振興センター完成、1991年伊方町農協共同柑橘選果場、1992年学校給食センター新築、1992〜93年九町小学校運動場整備、1994年4月町観光物産センター（きらら館）開所、1995年伊方港港湾都市再開発事業完成（事業費26億6,900万円）、1996年町民グラウンド完成（事業費20億6,891万円）・町スポーツセンター（温水プール付設）完成、1997年農水産物処理加工施設完成、1998年12月商工業センター完成、1999年製氷施設完成、2000年伊方小学校普通教室棟改築事業、2001年役場庁舎新築落成・伊方中学校屋内運動場改築事業、2004年第2次港湾都市再開発（事業費10億2,300万円）、2005年生涯学習センター完成となる。これらの事業遂行が、建設業純生産額と建設業従業者数の増加をもたらしたと考えられる。

こうした公共事業が実行に移されるのは、原発立地自治体共通の現象である。その上で、田中史郎は「資金潤沢な時期に進められた公共施設の建設物においては施設維持費が減ることはない。補修費などを含めると、むしろ維持費は増加することもある」（田中, 2019, p.70）とし、原発の固定資産税収入が減少する時期なると、維持管理費の負担に財政が圧迫される危険性を指摘している。2021年度決算で、伊方町の経常収支比率は83.4（愛媛県内20市町中8位）、実質公債費率5.4（同5位）と、町財政は今のところ健全性を保っている。しかし、合併前は1を超えていた財政力指数は、0.49（同7位）となっている。過疎地の自治体としては良好な数値とはいえ、並の自治体になってしまっている。

町村合併が行われた2005年以降をみると、旧伊方町の建設業従業者数は急速に減少しており、2001年の半分以下になってしまっている。大型公共事業が一段落し、また合併前と比較して財政的なゆとりが失われたことが影響していると思われる。原発の建設業への波及効果というものは、潤沢な財政に基づく豊富な公共事業という間接的な効果においても、持続的なものではないといえる。

それでは、この建設業の雇用や原発の建設・運転は、旧伊方町および八西地域の卸売・小売業ならびにサービス業を活性化させたのであろうか。

もともと旧伊方町を始めとする佐田岬半島の3町は、卸売・小売業、サービス業に乏しい地域である。炭鉱町のように、原発の立地を契機に旧伊方町内に商店が次々と開業するであるとか、飲食店街が形成されるであるとかといった現象は観察されなかった。町内には、原発作業員を主たる顧客とした民宿やビジネスホテルが存在している。しかし、張貞旭によれば、これらの施設の稼働率も低いという（張, 2006, p.56)。これらの点をとっても、原発がいかに過疎地の活性化に貢献しないのかが示されている。

原発関連のサービス需要や商品の購買が、旧伊方町から八幡浜市や旧保内町に流出しているという言い方は、地元でよくなされている。では、八幡浜市や旧保内町の卸売・小売業やサービス業が、原発からの波及効果で活性化しているであろうか。

旧保内町の卸売・小売業とサービス業の純生産額は小さく、他の３町と同様に八幡浜市と比べるべくもない（**表3－12**、**図3－7**、**表3－13**、**図3－8**)。では、八幡浜市が原発関連のサービス需要の多く取り込んだのであろうか。八幡浜市の数値だけみていても、判然としない。

大洲市との比較

そこで、隣接する大洲市の数値と比較してみることにする。

合併前の旧大洲市は、愛媛県の県庁所在都市松山市から西へ50kmほど行ったところにある人口４万人程度の小都市であった。市の中心部は、瀬戸内海から10数キロ内陸に入った盆地にある。この旧大洲市は、1954年９月１日に、大洲町、平野村、南久米村、菅田村、大川村、柳沢村、新谷村、三善村、粟津村、上須戒村の10町村が合併して成立している。「平成の大合併」では、2005年１月に肱川流域の大洲市・長浜町・肱川町・河辺村が新設合併し、新大洲市が誕生している。旧市の成立当初は、第１次産業が中心の市で人口減少が進んだ。しかし、市は企業誘致に力を入れ、特に1973年に松下寿電子工業（現ＰＨＣホールディングス）の工場進出があり、人口は安定するようになった。**表3－14**は、旧大洲市の卸小売とサービス業の純生産額の推移である。

大洲市の卸売・小売業純生産額とサービス業純生産額のグラフを八幡浜市のそれに重ね合わせてみたものが、**図3－10**、**図3－11**である。

表３－12　八西地域の卸小売業純生産額（百万円）

年	八幡浜市	保内町	伊方町	瀬戸町	三崎町
1969	3,752	142	42	17	67
1972	6,219	257	67	41	111
1975	8,919	361	177	50	138
1978	10,820	509	239	97	160
1980	13,627	639	301	122	203
1984	14,470	1,210	267	119	223
1987	14,015	1,498	427	253	486
1991	13,759	2,055	1,085	280	713
1994	16,250	1,197	602	230	495
1997	11,277	1,895	587	194	436
2000	11,935	2,005	621	206	461
2003	9,257	1,732	354	98	326

出所）愛媛県『統計からみた市町村のすがた』『統計からみた市町のすがた』各年度版より作成

図３－７　八西地域の卸小売業純生産額（百万円）

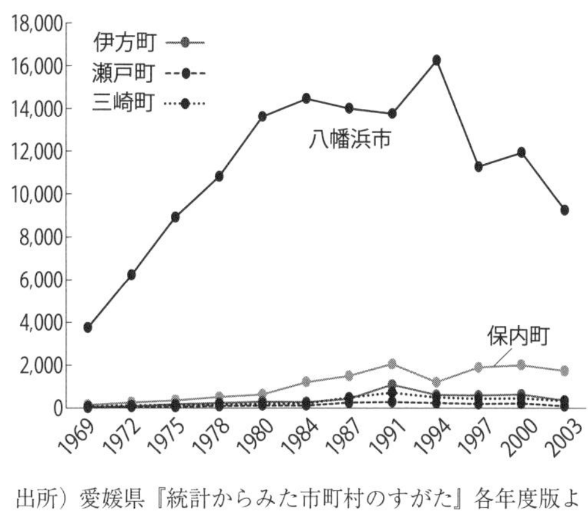

出所）愛媛県『統計からみた市町村のすがた』各年度版より作成

表３－13　八西地域のサービス業純生産額（百万円）

年	八幡浜市	保内町	伊方町	瀬戸町	三崎町
1969	3,570	774	471	285	395
1972	5,728	913	554	359	682
1975	8,814	1,541	918	567	946
1978	10,827	2,109	1,108	665	1,078
1980	12,665	2,307	1,991	667	1,271
1984	15,196	2,697	3,030	684	1,401
1987	11,665	1,709	3,425	428	580
1991	16,119	2,679	1,843	844	1,180
1994	15,741	2,580	1,215	989	870
1997	17,383	2,757	1,693	806	954
2000	24,129	3,493	2,475	873	1,186
2003	20,837	3,267	3,106	954	1,184

出所）愛媛県『統計からみた市町村のすがた』『統計からみた市町のすがた』各年度版より作成

図３－８　八西地域のサービス業純生産額（百万円）

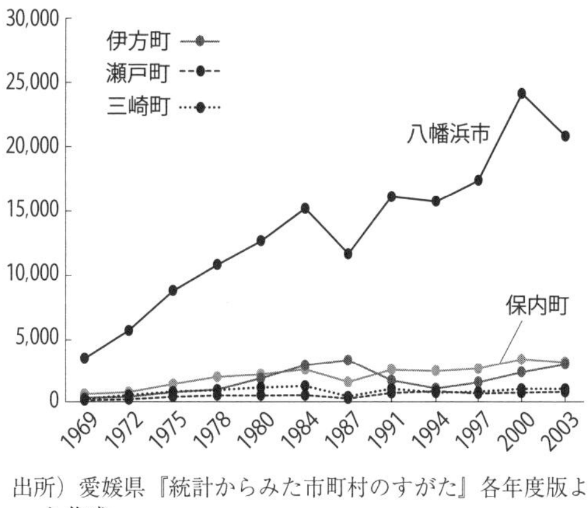

出所）愛媛県『統計からみた市町村のすがた』各年度版より作成

表３－14　大洲市の純生産額（百万円）

	卸小売	サービス業
1969	2,898	2,753
1972	1,703	3,570
1975	3,880	6,357
1978	5,310	8,826
1980	6,690	10,396
1984	6,011	13,998
1987	8,879	11,912
1991	12,095	15,801
1994	12,537	16,732
1997	12,233	20,812
2000	12,563	28,263
2003	12,806	26,993

出所）愛媛県『統計からみた市町村のすがた』各年度版より作成

図３－10　八幡浜市・大洲市の卸小売業純生産額（百万円）

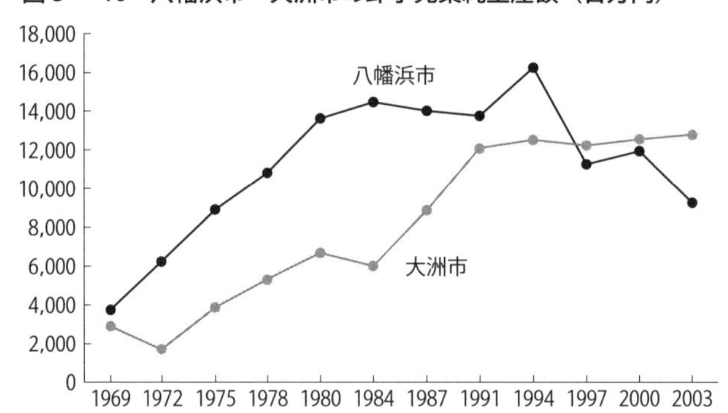

出所）愛媛県『統計からみた市町村のすがた』各年度版より作成

図３－11　八幡浜市・大洲市のサービス業純生産額（百万円）

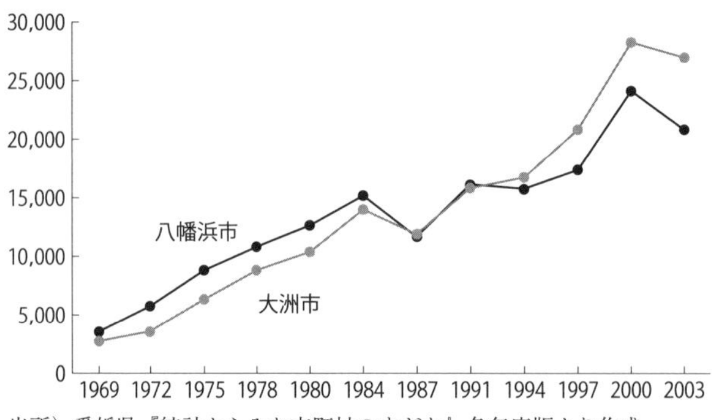

出所）愛媛県『統計からみた市町村のすがた』各年度版より作成

卸売・小売業純生産額は、伊方原発の建設期にあたる1970年代は、たしかに八幡浜市の伸びが大洲市を上回っている。伊方原発の１・２号機が運転を開始した1980年代になると、八幡浜市の卸売・小売業純生産額は横這い傾向に転じる。逆に大洲市は急速に額を伸ばしていっている。伊方原発３号機の建設時期にあたる1990年代前半に、八幡浜市の卸売・小売業純生産額は一時的な上昇を記録した。３号機運転開始後は、減少に転じている。一方の大洲市は90年代から2000年代前半にかけては現状維持をつづけた。その結果、大洲市の卸売・小売業純生産額が八幡浜市を上回るようになった。

このことから、原発建設期には、旧伊方町の近隣で最も商業集積のある八幡浜市から物品の調達や購入があったことが推測される。しかし、運転を始めるとそのような効果が薄れる、ないしはなくなってしまうようである。原発の卸売・小売業に対する波及効果は、建設期に見られる程度だと言えよう。

新潟日報社原発問題特別取材班は、柏崎市を含む新潟県内３市のサービス業純生産額の推移を分析した結果、「柏崎、三条、新発田３市のサービス業純生産額のデータからは、柏崎市に特有の動きは見当たらない。新発田市とそっくりな動き方をしていることからも、サービス業への原発特有の経済効果は読み取れない」（新潟日報社，2017，p.157）と結論づけている。

これとまったく同じことが、八幡浜市と大洲市との比較から言えるのである。八幡浜市と大洲市のサービス業純生産額は、同一の軌跡をきれいに辿っている。あまつさえ、伊方原発が３機稼働し始めた1994年以降は、大洲市が額で上回るようになっている。数字の上からは、「原発作業員の飲食や宿泊で潤う八幡浜市」という像は、虚像でしかないと言える。少なくとも、伊方原発は八幡浜市のサービス業を浮揚させる効果は有していない。

伊方町での意識調査で「原発がもたらす地域利益」として、最も多くの人から挙げられた雇用はどうであろうか。電気・ガス・水道業従業者数をみると、伊方町の従業者数が1978年に急増しており、伊方原発運転開始の影響が現れている。しかし、周辺の１市３町は全く変化がない。原発の雇用増加の効果というのは、周辺自治体にこれほどまでも及ばないものなのか。原発を受け入れた「恩賞」のように旧伊方町に雇用増加が集中している。

表3－15　八西地域の電気・ガス・水道業従業者数（人）

	八幡浜市	保内町	伊方町	瀬戸町	三崎町
1966	62	12	6	5	7
1969	93	10	7	4	7
1972	98	9	9	4	6
1975	139	10	9	7	9
1978	96	4	268	5	7
1981	98	4	304	6	7
1986	71	5	404	6	9
1991	78	5	338	5	7
1996	71	5	497	6	7
2001	80	4	503	8	7
2005	122	66	170	6	6
2010	151	108	203	8	6
2015	146	121	198	6	7

出所）愛媛県『統計からみた市町村のすがた』『統計からみた市町のすがた』各年度版より作成

原発立地の効果として、伊方町に400～500人の新規雇用が生まれたことになる。人口9千人ほどの町にとって、けして少なくない数に思える。また、この雇用は、「電気・ガス・水道業」に限ってのものである。この他に、原発関連の対事業所サービスも新規雇用を伊方町に生み出しているはずである。それにもかかわらず、まったく人口減少に歯止めがかからなかったというのは、驚くべきことである。

しかも町村合併後の2005年以降は、旧伊方町の電気・ガス・水道業従業者数は激減しており、合併以前の半分以下になっている。これは、従業者の八幡浜市・旧保内町への移動が生じたことによるものと思われる（**表3－15**）。

前出の女川町でも雇用に関しては、伊方町と同様のようである。菊地登志子は、「就業者数を維持できているのは、唯一電気・ガス・水道業のみということになる。これは、ただ原発立地が継続していることによるものである。原発によって町の雇用が生み出されるというのは、原発が他の産業の雇用を新たに生み出してこそ言えることではないだろうか。原発就業者のみが、それも原発が2号機、3号機と増設されても増加しないのでは、女川の雇用に原発の「恩恵」

はほとんど認められないことになる」（菊地, 2019, p.101）と結論づけている。

伊方町も、事情は女川町とほぼ同様といってよい。異なるのは、建設業で１号機建設時と1990年代の公共事業拡大期で雇用増加がみられたという点である。また、肝心の電気・ガス・水道業従業者の近隣自治体への流出がみられるというのも異なる点といえる。

6　原発は過疎地を救わない

結局、伊方原発は旧伊方町および八西地域にどのような経済効果をもたらしたといえようか。これまで検討してきたことをまとめてみたい。

まず、産業別の純生産額の推移からわかることを述べてみたい。伊方原発の製造業への波及効果はみられない。佐田岬半島の３町では、製造業は育たなかった。八幡浜市では、むしろ衰退した。旧保内町では、食品工場などの立地が進み、原発とは関係のないところで製造業が堅調であった。

建設業は、旧伊方町において原発１号機建設時および1990年代の公共事業が活発化した時期に増加した。八西地域の他の市町には、その効果は及んでいない。

卸売・小売業は、郡部では原発による経済効果は認められない。一方で、地域の中心都市・八幡浜市において原発１号機・３号機建設時のみ、やや拡大した形跡がある。

サービス業に対する伊方原発の波及効果は、すべての市町で認められない。旧伊方町には、原発関連の運転員・作業者等の小売・サービス需要の受け皿となる店舗や宿泊施設がないため、それが八幡浜市や旧保内町に流出して両市町が潤っているという言説は誤りである。そのような流出はあれども、原発に八幡浜経済を浮揚させるまでの経済効果はなかった。

雇用は、旧伊方町の電気・ガス・水道業従業者で顕著な増加がみられた。しかし、2005年以降、町外への流出が起こっている。また、建設業従業者も一定程度増加した。これも町村合併後、減少に転じている。また、町の人口規模からすると建設業従業者数の増減の幅が大きいのが１つの特徴である。別の言い方をすると、非常に不安定な雇用になっている。他の4市町に、原発による雇用増加の効果は認められない。八幡浜市・旧保内町の電気・ガス・水道業従業者数の増加は、新規雇用が増えたとはいえない。

その結果、人口は、旧伊方町で原発1号機建設時のみ微増したものの、その後は減少が継続した。八幡浜市・旧三崎町・旧瀬戸町は、一貫して人口が減少し続けた。原発に過疎地の人口を維持、あるいは人口減少を鈍化させる効果はない。

田中史郎は、「原発の建設においても保守点検においても、それから生じる需要は原発立地自治体の企業には向けられない。建設業であっても製造業であっても、地元で原発による需要を満たすような企業はほとんど存在しないからである。原発関連の労働者に対するサービス業が需要を満たすに留まる。原発は地域経済にとっていわば「飛び地」になっている」（田中, 2019, p.81）と述べている。伊方原発の地域への経済的波及効果の小ささをみると、田中史郎の「飛び地」という表現は言い得て妙である。

以上のことから、地元の期待に反して、原発には過疎地を活性化させる効果はなかったと結論づけられる。あのような大規模な事業体でありながら、その経済波及効果の乏しさは特筆すべきものがある。伊方町住民の原発に対する評価が思いのほか低いのも、住民自身がこのようなことを感じ取っているからだといえるのではないだろうか。原発の経済効果がこのようなものである以上、伊方町が原発以外の産業を育てていかねばならないことは明白である。言うだけなら誰でもできることであり、困難な道であるのだけれども。

付　記

本章は、「伊方原発の経済効果――八西地域は恩恵を受けたか」『松山大学論集』第34巻第6号（2023年）を加筆修正のうえ転載した。

注

(1) 伊方町調査は、2018年10月1日〜10月19日に郵送にて行われた。調査対象者は、伊方町の選挙人名簿より系統標本抽出した1,000名である。調査票の有効回収数363票（回収率36.3%）であった。文中のクロス集計表の下部に表記されている「χ^2」はカイ2乗値を、「df」は自由度を示す。また、「$p < 0.05$」はカイ2乗検定の結果、5%水準で有意であったことを、「$p < 0.01$」は同じく1%水準で有意であったことを示している。

参考文献

伊方町誌改訂編集委員会，1987，『伊方町誌』伊方町
市川虎彦，2022,「過疎地域住民の市町村合併評価⑤――伊方町：否定的評価の町」『松山大学論集』第 33 巻第 6 号
愛媛県，1960〜2006，『統計からみた市町村のすがた』愛媛県統計協会
愛媛県，2007 〜『統計からみた市町のすがた』愛媛県統計協会
兼平裕子 , 2011,「伊方原発受入れは地域振興に役立ったか――原発建設地選定から 40 年の歴史とプルサーマル発電」湯浅良雄・山本修平・崔英靖編『地域再生学』晃洋書房
鎌田慧，1988，『日本の原発地帯』河出文庫
菊地登志子 , 2019,「女川原発と町経済・町財政」篠原弘典・半田正樹編『原発のない女川へ――地域循環型の町づくり』社会評論社
瀬戸町誌編集委員会，1986，『瀬戸町誌』瀬戸町
「続伊方町誌」編集委員会，2005，『続伊方町誌』伊方町
田中史郎 , 2019,「原発立地自治体の財政と経済」篠原弘典・半田正樹編『原発のない女川へ――地域循環型の町づくり』社会評論社
張貞旭，2006，「伊方町における原発立地と地域経済・地方財政」『財政と公共政策』第 39 号
張貞旭，2010，「原発立地地域の合併と地域経済・地方財政の変化について――愛媛県伊方町を中心に」『松山大学論集』第 22 巻第 3 号
新潟日報社原発問題特別取材班，2017，『崩れた原発「経済神話」――柏崎刈羽原発から再稼働を問う』明石書店
朴勝俊，2013，『脱原発で地元経済は破綻しない』高文研
保内町誌編纂委員会，1999，『保内町誌』保内町
三崎町誌編集委員会，1985，『三崎町誌』三崎町

第 4 章

地方都市の住民は街なか居住を志向するか

1　郊外化の進展と問題の所在

愛媛県の県庁所在都市である松山市は、江戸時代以来の城下町を基盤に近代都市として発展をとげてきた。

他の城下町起源の都市と同様に、かつての城郭の周辺に市街地が形成された。1889 年（明治 22 年）の市政施行時の市域は、この松山城を中心にした 5.2k㎡ほどの区域であった。この地域区分は、現在も松山市の行政区分において、「本庁区」として残っている。この本庁区の中でも、城の南側にあたる番町・八坂・東雲といった地域に、官公庁や金融機関、中心商店街などが集積しており、松山市の中心市街地を形成している。

しかし、松山市でも他の地方都市と同様、郊外化の進展が顕著である。中心市街地の番町をはじめとする中心部の 3 つの地区では、1960 年から 2005 年までの 45 年間で、60％近くの人口減少を記録した。この間、松山市全体の人口は順調に伸び続け、2005 年には市町村合併の影響もあり 50 万人を超えた。1960 年と比較すると 25 万人の人口増をみたことになる。なお、前述の本庁区の人口は、微増にとどまっている。すなわち、松山市の増加した分の人口は、郊外に吸収されていったといえるのである。

今日、人口減少時代を迎え、このような外延的な郊外開発が見直されつつある。逆に、行政の効率化や中心市街地の活性化を実現する1つの手段として、都市のコンパクト化や街なか居住の推進が唱えられるようになってきている。都市計画論の立場からは、新時代の都市像としてコンパクトなまちづくりの利点や将来像が論じられ、具体的な事例研究や政策論議も進み始めている（海道 2001、海道 2007、鈴木 2008 等）。

しかし、実際にその地に居住している市民に、街なか居住の意志があるのであろうか。とりわけ、郊外の一戸建ての持ち家に居住するのがふつうと考えられている地方都市にあって、街なか居住への志向性が住民の間に存在するのであろうか。このような疑問に答えうるような実証的研究が、現段階ではまだ乏しいと考えた。そこで、実際に地方都市在住者に、街なか居住の意志があるのかないのか、あるとしたらどのような層にあるのか、またそれはどのような理由から街なか居住を志向しているのか。こうした諸点をあきらかにするため、20 歳以上の松山市民を対象に意識調査を行った。調査期間は、2007 年 11 月 15 日～11 月 30 日の間で、調査方法には郵送法を用いた。調査対象者は、選挙人名簿から系統標本抽出で選出した 2,500 人で、有効回答数は 771 票（回収率 30.8%）であった。

本章は、この調査結果をもとに、前記の問題について検討したものである。松山市は、地方の各県の県庁所在都市と同じく、県内の他地域からの人口流入がつづき、一定規模の人口集積をもっている。また、そのような人口集積を背景に、郊外化が進展するなかでも、比較的中心市街地の機能が維持されているといえる（松山市, 2008, p.5）。このような松山市を、郊外化と中心市街地の再活性化の両方の力がせめぎあっている都市と捉え、調査対象にした。また、外延的に拡大した郊外住宅地の再集約化が将来の行政課題になると予想される人口 30 万人～70 万人程度の地方諸県の中心都市の一つの典型事例とも考えた。その上で、「街なか居住」といった場合、市制施行時の旧来の市街地に居住することを想定して用いることにする。松山市でいうと、前出の本庁区の範囲内を念頭においている。文中で「中心部」と表現する区域はこの本庁区を指し、その中の官公庁や商店街が集積している番町・八坂・東雲の3区を「中心市街地」と表現することにしたい。

次節では、あらためて松山市の中心部の概略について述べることにする。次いで３節で、今回の調査で示された松山市民の居住状況を示しておく。以上のことを念頭に、４節では、地方都市・松山の住民がどのような居住地を理想と考えているのか、またその理由は何かについて論じる。５節では、地方都市特有の都市環境から利便性を求めての街なか居住志向が生じている点を明らかにしていこうと思う。さらに６節では、地方都市にも消費面における吸引力に魅せられ街なか居住を志向する層が生まれていることを示したい。最後に７節において、地方都市における街なか居住志向のありかたとその行く末について論じてみたい。

2　松山市の中心部

松山市は、他の多くの県庁所在都市と同様に、江戸時代の城下町を礎として発展してきた。江戸期には、松山城の南側に武士の居住地があり、西側から北側にかけて町人地が広がっていたとされる。明治になって、愛媛県庁や松山市役所が城の西の古町地区から現在の南側に移転したのを契機に、ここに官公庁・事業所の集積が進む。同じく城の南側の旧唐人町には、商店が軒を並べるようになった。このようにして、松山では主として松山城の南側に中心市街地が形成された。

その後、松山市は市町村合併を随時行い、「平成の大合併」で北条市・中島町を編入し、人口50万人を超える都市に成長した。1960年国勢調査時と比べると、人口は約２倍になっている（**表4−1**）。

松山市では、1970年前後には、ドーナツ化現象が顕在化している。

表４－１　松山市の人口の推移（人）

年	松山市	本庁区	中心３区
1960	262,044	120,165	40,983
1965	290,662	130,365	37,239
1970	322,902	133,071	31,392
1975	367,323	129,202	25,963
1980	401,703	125,408	22,756
1985	426,658	126,233	19,806
1990	443,322	124,264	17,800
1995	460,968	126,240	16,903
2000	473,379	128,533	17,061
2005	514,937	130,167	16,884

出所）『松山市統計書』より作成
注）「中心３区」は番町、八坂、東雲の合計。
「本庁区」は旧市域で、番町、八坂、東雲、素鵞、雄郡、新玉、味酒、清水から構成。

表4－2　松山市のＤＩＤ

年	総人口（人）	DID 人口（人）	DID 面積（k㎡）	DID 人口密度（人/k㎡）
1965	282,651	135,196		
1970	322,902	151,672	15.4	9848.8
1975	367,323	239,386	25.3	7591.8
1980	401,703	291,467	48.5	6009.6
1985	426,658	319,488	51.5	6203.7
1990	443,322	344,255	55.4	6108.8
1995	460,968	374,585	59.0	6348.9
2000	473,379	387,658	60.8	6374.9
2005	514,937	395,086	61.3	6450.4

出所）『松山市統計書』より作成
注）DID は、人口密度が 4,000 人/k㎡以上の国勢調査基本単位区を示す。

石井、桑原、余土、生石、雄郡など中心市街地の南側での人口増加が特に著しく、小学校の教室不足などが問題化していた。逆に、番町、八坂、東雲といった中心市街地では人口減少が急速に進んだ。3 地区合計の人口をみると、1960 年を 1 とした場合、1970 年で 0.77、1980 年で 0.56、1990 年には 0.43 と半分以下に減少している。一方で、2000 年以降、松山市では分譲型の集合住宅の建設が相次ぐ現象が生じた。地元の地銀系シンクタンクであるいよぎん地域経済研究センターは、松山市において分譲集合住宅建設ブームがバブル期（1989～1990 年）と消費税引き上げ前期（1994～97 年）にあったとした上で、2000 年以降の建設数の増大を「第 3 次マンションブーム」と呼称している（大塚，2006)。そして、その多くが旧市域の中心部に建設されているのである。それゆえか、中心市街地の人口も、現在では横ばい状態に転じてきている。

松山市の中心市街地を人口集中地区（DID）という観点からみると、当初は比較的狭い範囲に高密度で形成されていた。それが、次第に外延部に拡大するにつれ、人口集中地区全体として人口密度が低下していった。これは、他の同規模の都市と同様の傾向をたどったといえる。1995 年以降は、外延的な拡大に歯止めがかかる一方、わずかずつではあるが人口密度を増す傾向にある（**表4−2**）。

松山市は、中心部への集中性が比較的あるといえる。松山城のある城山によって南部の中心市街地と城北地区が分断されるきらいはあるが、城の周囲を環状に走る路面電車の存在がそれを補っている。路面電車は、市の観光の目玉である道後温泉と中心市街地とを結ぶ役割も果たしている。この路面電車のターミナル駅である伊予鉄道松山市駅は、フェリー発着所がある三津浜･高浜方面（高浜線）、郊外住宅地が広がる東温市（伊予鉄道横河原線）および松前町（伊予鉄道郡中線）に伸びる郊外電車３路線の結節点となっていて、そこに百貨店も構えられている。また、県庁、市役所、県美術館、市民会館などが中心部にかたまって存在している。城北地区には愛媛大学、松山大学等の文教施設があり、総合病院も存在している。このように松山市の中心部は、いまだに公共施設が郊外移転せずに残っており、また中心商店街の空き店舗率も市内の他の商店街と比較して低い（2007年度において、松山市全体で15.0％、「中央商店街」7.4％の空き店舗率。松山市，2008, p.17より）。日中は10分おきに走る路面電車の環状線が健在で、郊外と比べて利便性の高い地域といえる。

3　松山市民の居住状態

ここでは、松山市在住の人びとが、どのような居住状況にあるのかみてみたい。現在の住居を尋ねた質問に対する回答をみると、「一戸建ての持ち家」が69.1％、「集合住宅の持ち家」が6.0％で、持ち家率は約75％にのぼる。賃貸は集合住宅が多く、全体の13.2％であった。「一戸建ての借家」は6.1％であった。

また調査では、調査対象者の居住地を小学校区で尋ねている。その小学校区を、中心市街地からの距離によって３つに分けてみた。「中心部」としたのは、中心市街地活性化計画の計画区域が多く含まれる番町・八坂・東雲・清水・道後の各校区である。「近郊部」として、この中心部を取り囲むように隣接している味酒・素鵞・湯築・姫山・みどり・桑原・福音・石井北・雄郡・新玉・双葉・たちばな・北久米の各校区を設定した。これら以外の校区は「周辺部」として取り扱った。それぞれの地域に居住している人の比率は、中心部10.9％、近郊部29.7％、周辺部57.8％であった。

居住地域別に家族構成をみると、利便性の高い中心部は単身者が多く住む傾

表4－3　年代×住居形態［人（%）］

	一戸建て持ち家	集合住宅持ち家	集合住宅賃貸
20代	10（51.9）	2（ 2.6）	23（29.9）
30代	56（41.8）	11（ 8.8）	40（32.0）
40代	72（59.0）	13（10.7）	21（17.2）
50代	122（77.7）	9（ 5.7）	13（ 8.3）
60代	133（86.8）	6（ 4.0）	2（ 1.3）
70代	106（86.9）	5（ 4.1）	3（ 2.5）
計	527（69.9）	46（ 6.1）	102（13.5）

注1）「一戸建て借家」「公営・公団住宅」「社宅・官舎」「その他」は、回答数が少なかったので図表から省いた。
注2）「持ち家」という回答には、回答者本人以外の家族が取得した持ち家に同居している場合も含んでいる。
出所）意識調査の結果をもとに筆者作成。以下の表も同じ。

向がみられる。単身者は、中心部居住と回答した人の19.1%を占める。それが、近郊部では10.1%、周辺部では6.3%と、都心から離れるにしたがって単身者の比率が下がっていく。一方、夫婦と未婚の子からなる核家族世帯は周辺部に居住する世帯の4割を占めている。逆に中心部に居住していると回答した核家族世帯は19.3%にとどまった。子どもを養育する時期にあたる人々は、郊外に広い居住空間を求める傾向があると思われる。

次に、居住地域別に住居形態をみてみよう。中心部で一戸建て持ち家に居住していると回答した人は50%強にすぎず、近郊部（63.3%）、周辺部（77.7%）と推移するにつれ、一戸建て持ち家層の比率が高まっていく。一方、分譲型のマンションなどの集合住宅の持ち家層は、逆の傾向を示し、周辺部（2.5%）から近郊部（8.7%）、中心部（18.1%）へと移行するにつれてその比率が高まっていく。また、賃貸の集合住宅に住む層も、中心部（18.1%）と近郊部（17.0%）でその比率が高い。周辺部では10.4%にとどまる。

年代別に住居形態をみると（**表4－3**）、賃貸住宅に居住している層は20代、30代の若い世代に多い。20代で「一戸建て持ち家」という回答が30代より多いのは、親の持ち家に同居している者が、この選択肢を選んでいるためである。30代、40代では、他の年代と比較して、同じ持ち家でも集合住宅の比率が高くなっている。住宅の第1次取得に際して、分譲マンションを選択する層が30

代、40代という年代から増加してきていることがうかがわれる。60代以上では、一戸建て持ち家層が８割を超えるようになる。

このようにみてくると、松山市では、50代以上とそれより下の年代とで、住宅の選好に差異がみられるといえる。50代以上の世代では、結婚・出産による子育て期に市の郊外に一戸建て住宅を購入するか、生まれ育った家で親と同居するというのが一般的な形態で、結果的にかなり高率の一戸建て持ち家層を形成している。それ以下の世代では、若年の単身時代を中心部の賃貸住宅で過ごすものも増加し、家族形成期には分譲マンションの購入もその選択肢に入ってきているといえる。実際、現在の40代が住宅取得を始めた2000年頃から、松山市内の中心部で分譲マンションの大量供給が続いているというのは、すでに述べたとおりである。

4　地方都市における街なか居住志向

地方都市・松山の市民は、どのような地域を理想の居住地と考えているのであろうか。そこで、「理想のお住まいの場所は、どのような地域でしょうか。あなたの理想に最も近いものを１つお選びください」という質問をしてみた。選択肢は、「店舗や公共機関が集まっている都心部」「閑静な住宅専用地域」「幹線道路に近い都市近郊地域」「自然がゆたかな田園地帯」の４つを用意した。「店舗や公共機関が集まっている都心部」は、もちろん中心市街地を想定した選択肢である。「閑静な住宅専用地域」は、中心市街地の外延に広がる一戸建て住宅地域を念頭においた選択肢である。「幹線道路に近い都市近郊地域」は、幹線道路沿いに大型商業施設が立地しているような郊外の住宅地を想定した。「自然がゆたかな田園地帯」は、周辺の農村地帯という意味である。無回答が2.3％にとどまったので、この４つの選択肢の提示でほぼ問題がなかったと考える。

回答結果をみると、「住宅専用地域」という回答が最も多く、全体の３分の１近くを占めた（32.4％）。ついで、「都市近郊」という回答がくる（26.6％）。最も少なかったのは「都心部」であったが、それでも17.1％の人が選択していた。また、「田園地帯」と回答した人は21.5％であった。

表４－４　街なか居住志向の人の居住地選択の要素（%）

	重視する	やや重視する	あまり重視しない	重視しない
D　買物	85.6	11.4	2.3	0.8
B　交通	75.8	20.5	2.3	1.5
C　災害	63.6	24.2	9.1	3.0
A　自然	20.0	38.5	33.1	8.5

注）小数点第２位を四捨五入したため、合計が100%にならない場合がある。

次に、居住地を選択するに際して、どのようなことがらを考慮するのかも尋ねた。今回の調査では、「もし新たに住居を構えるとしたならば、以下のＡ～Ｈのことがらを、それぞれどの程度考慮して新居の場所を決めるでしょうか」という質問を行った。8つの質問項目は、「Ａ　緑や自然に恵まれていること」「Ｂ　バスや電車などの公共交通の便がいいこと」「Ｃ　災害や事故に対する対策が進んでいて安全であること」「Ｄ　買い物の便がいいこと」「Ｅ　働く場所に近いこと」「Ｆ　すぐれた教育環境が整っていること」「Ｇ　趣味やスポーツ・文化を気軽に楽しめる場所が多いこと」「Ｈ　近くに親しい仲間が大勢いること」である。それぞれ「重視する」「やや重視する」「あまり重視しない」「重視しない」の４段尺度で尋ねた。

結果は、「買い物の便」(69.6%)、「公共交通の便」(57.8%)、「災害対策」(56.5%)の順で、重視すると回答した人が多かった。4番目に「重視する」という回答比率が高かった「自然環境」になると、重視する人の比率は33.3%にまで低下する。地方都市の通例として、自家用車が移動手段の中心的な位置を占めている松山市であるが、居住地選択に際しては、「重視する」と「やや重視する」と回答した人をあわせて、約９割が「公共交通の便」を考慮に入れるという結果が示された。自動車を運転できない世帯員の移動や、何らかの事情で運転できなくなった場合を考慮する人が多いのではないかと推測される。

表4−4では、理想の住宅地として「都心部」と回答した人が、居住地選択の要素として何を重視しているのかを示した。「買い物の便」は85.6%の人が、「公共交通の便」では75.8%の人が「重視する」と回答している。松山市全体と比較すると、16～18ポイント高い。街なか居住を志向する人々は、あきらかに利便性を重視する傾向にあるといえる。

表４－５　性別×年代×理想の居住地［人（%）］

男性

	都心部	住宅専用	都市近郊	田園地帯	計
20代	1（ 3.7）	9（33.3）	6（22.2）	11（40.7）	27
30代	7（16.7）	15（45.2）	10（23.8）	6（14.39）	38
40代	6（13.3）	18（40.0）	11（24.4）	10（22.2）	45
50代	8（14.3）	14（25.0）	16（28.6）	18（32.1）	56
60代	2（ 4.8）	15（35.7）	12（28.6）	13（31.0）	42
70代	6（11.8）	21（41.2）	13（25.5）	11（21.6）	51
計	20（11.4）	96（36.5）	68（25.9）	69（26.2）	253

女性

	都心部	住宅専用	都市近郊	田園地帯	計
20代	11（22.4）	17（34.7）	13（26.5）	8（16.3）	49
30代	15（18.1）	28（33.7）	23（27.7）	17（20.5）	83
40代	13（17.1）	25（32.9）	20（26.3）	18（23.7）	76
50代	18（18.4）	34（34.7）	31（31.6）	15（15.3）	98
60代	21（19.3）	30（27.5）	31（28.4）	27（24.8）	109
70代	20（31.7）	18（28.6）	15（23.8）	10（15.9）	63
計	98（20.5）	152（31.8）	133（27.8）	95（19.9）	478

5　「地方都市型街なか居住志向」

さて、理想の居住地と属性との関連をみると、カイ２乗検定の結果、性別との関連があった。街なか志向の人は女性に多く、逆に田園志向の人は男性に多かった。

性別に年代も加えて３重クロス集計をしてみた結果が、**表4－5**である。「都心部」を理想の居住地とする人の比率が最も高いのは70代女性であり、30%を超えている。次いで20代女性が22.4%となっている。

それでは、この「理想の居住地」の選択と居住地選択の要素との間に関連がみられる項目はどれであろうか。

カイ２乗検定を行ってみると、「公共交通の便」「買い物の便」「緑や自然」の３項目と関連があった。とりわけ「都心部」を理想の居住地として選択した人々は、他の地域を選択した人々と比べて、「買い物の便」や「公共交通の便」を重視すると回答した人の比率が高い（**表４－6、表４－7**）。

表４－６　理想の居住地 × 買い物の便［人（%）］

	重視する	やや重視	重視しない	計
都心部	113(85. 6)	15(11. 4)	4(3. 0)	132
住宅専用	170(68. 0)	75(30. 0)	5(2. 0)	250
都市近郊	155(75. 6)	45(22. 0)	5(2. 4)	205
田園地帯	87(52. 4)	63(38. 0)	16(9. 6)	166
計	525(69. 7)	198(25. 3)	30(4. 0)	753

P<0.01

注１）表中の「重視しない」は、「重視しない」と「あまり重視しない」と回答した人の合計。以下、表４－７～表４－10も同様。

注２）クロス集計表に付された「P<0.01」は、カイ２乗検定の結果、１％水準で優位であったことを示す。以下同じ。

表４－７　理想の居住地 × 公共交通［人（%）］

	重視する	やや重視	重視しない	計
都心部	100(75.8)	27(20. 5)	5(1. 8)	132
住宅専用	145(58. 0)	88(35. 2)	17(6. 8)	250
都市近郊	119(58. 0)	71(34. 6)	15(7. 3)	205
田園地帯	73(44. 0)	62(37. 3)	31(18. 7)	166
計	437(58. 0)	248(32. 9)	68(9. 0)	753

P<0.01

表４－８　性別 × 買い物の便［人（%）］

	重視する	やや重視	重視しない	計
男性	169(62. 4)	82(30. 3)	20(7. 4)	271
女性	360(74. 1)	116(23. 9)	10(2. 1)	486
計	529(69. 9)	198(26. 2)	30(4. 0)	757

P<0.01

表４－９　性別×公共交通［人（%）］

	重視する	やや重視	重視しない	計
男性	143(52.8)	90(37.2)	38(14.0)	271
女性	295(60.7)	159(32.7)	32(6.6)	486
計	438(57.9)	249(32.9)	70(9.2)	757

P<0.01

表４－10　年代×公共交通［人（%）］

	重視する	やや重視	重視しない	計
20代	33(42.9)	35(45.5)	9(11.7)	77
30代	55(44.0)	54(43.2)	16(12.8)	125
40代	65(52.8)	48(39.0)	10(8.1)	123
50代	86(54.8)	52(33.1)	19(12.1)	157
60代	107(70.0)	34(22.4)	11(7.3)	152
70代	90(74.4)	26(21.5)	5(4.2)	121
計	436(57.7)	249(33.0)	70(9.3)	755

P<0.01

このことから、街なか居住は、「公共交通」や「買い物の便」といった利便性の面から支持されているといえよう。

さらに、**表4−8**に示したように、「買い物の便」を重視するかしないかは、性別との間に関連がみられた。「公共交通の便」を重視するかしないかは、**表4−9、表4−10**にみられるとおり、性別および年代との関連がみられた。「公共交通」も「買い物の便」も、女性の方が重視するという人の比率が男性よりも高い。また60代、70代の高齢層において、「買い物の便」を重視するという人の比率が70%を超え、他の年代よりも顕著に高くなっている。

以上、調査で明らかになったことを、考えあわせてみたい。まず女性は、通常、購買活動などの家庭内の日常的な業務を担うことが多いと思われる。それゆえ、居住地選択の際に、女性は買い物の便をより重視して考える傾向が生じる。さらに、高齢女性になると、移動に制約や困難がともなうようになってくる。そのため、日常的な移動や購買活動の利便性などの点から、街なか居住志向が生じてきているものと考えられる。

6　「都市消費型街なか居住志向」

今回の調査では、松山市の中心商店街を構成する銀天街・大街道などをはじめとする市内の９つの主要な商業集積への来街頻度も調査している。「週に２回以上」「週に１回程度」「月に２〜３回」「月１回程度」「２〜３か月に１回程度」「半年に１回程度」「めったに行かない」の選択肢から選んでもらう方式で尋ねている。**表4−11**にみられるとおり、相対的に中心商店街に足を運ぶ頻度が多い層（「週２回以上」「週１回以上」「月２〜３回程度」行くと回答した人）は、銀天街・大街道ともに20代が他の年代を圧して多かった。特に20代の女性は、その半数近くがよく中心商店街を訪れている。中心商店街は、20代（特に女性）から最も強い支持を受けていることに特徴があるといえる。このような傾向は、同時に調査した他の商業集積（他の地域の商店街、百貨店、郊外型スーパー等）にみられなかった。

また、年代と現在の居住地との間には、カイ２乗検定の結果、関連がみられず、若い女性において中心部に居住している比率が高いということは、特にみとめられなかった。このことから、単に容易に訪問可能だということで、若い女性層が中心商店街を訪れているわけではないといえる。若い女性向きの商店や洒落た飲食店が数多くあるなど、そのような層をひきよせる誘因を、他の商業集積と比較して中心商店街が保持しているのだと考えられる。

すでに**表4−5**で示したように、他の年代と比較して、20代女性の間では街なか居住を理想とする人の比率が高い。その20代女性は、中心商店街への来街頻度が高い層が最も多い。20代女性が、松山においては、中心商店街の主たる顧客層であり、中心部に足を運んで楽しんでいる層なのだといえる。このことが、街なか居住志向を生み出す１つの要素になっていると考えられるのである。

また、「理想の居住地」は、家族構成との間にも関連がみられる。夫婦と未婚の子からなる家族や父子・母子家族などのように子どものいる家族は、「住宅専用地域」を理想とする人が多くなる。単身者のなかでは、「都心部」を選択した人の比率が最も高かった（**表4−12**）。

そこで、この２変数に性別を加えて３重クロス集計を行ってみた。すると、

表４－11　銀天街・大街道に「月２～３回」以上の頻度で来街する人の年代別比率（%）

	銀天街			大街道		
	全体	男性	女性	全体	男性	女性
20代	41.6	32.1	46.9	45.5	39.3	49.0
30代	13.6	14.3	13.3	16.0	14.3	16.9
40代	21.1	26.1	18.2	17.9	26.1	13.0
50代	13.0	8.9	15.3	15.5	26.1	13.0
60代	23.0	20.9	23.9	23.2	27.9	21.3
70代	31.9	33.3	30.2	32.2	35.8	30.2
計	22.4	21.9	23	23.2	25.7	22.4

表４－12　家族構成 × 理想の居住地［人（%）］

	都心部	住宅専用	都市近郊	田園地帯	計
単身	15(23.1)	14(21.5)	14(21.5)	22(33.8)	65
夫婦のみ	32(16.2)	62(31.5)	69(35.0)	34(17.3)	197
核家族	40(15.0)	106(39.7)	68(25.5)	53(19.9)	267
三世代同居	22(22.0)	28(28.6)	21(21.4)	27(27.6)	98
母子・父子	5(15.6)	12(37.5)	10(31.3)	5(15.6)	32
その他	15(17.4)	26(31.0)	20(23.8)	23(27.4)	84
計	129(17.4)	248(33.4)	202(27.2)	164(22.1)	743

P<0.05

表４－13　単身世帯：性別 × 理想の居住地［人（%）］

	都心部	住宅専用	都市近郊	田園地帯	計
男性	2(11.1)	8(44.4)	2(11.1)	6(33.3)	18
女性	13(27.7)	6(12.8)	12(25.5)	16(34.0)	47
計	15(23.1)	14(21.5)	14(21.5)	22(33.8)	65

P<0.05

単身世帯のみ性別との関連がみられた。**表４－13**は、単身世帯における男女別の理想の居住地を示したものである。男性単身者の標本数が少ないという問題はあるが、ここではとりあえず女性単身者において街なか居住への志向性が強いという結果があきらかになっている。女性単身者の場合、単に消費面の魅力からのみではなく、単身世帯用の住居の立地や、安全面に対する配慮など、複合的な理由で街なか居住を志向していることを考えておかなければならないであろう。

そのような留保はつけざるをえないが、今回の調査結果から、松山市では、単身女性の間に、中心市街地での消費的な楽しみと連関した、いわば都市型消費に牽引されるような街なか居住志向が存在していることがうかがえるのである。

このような傾向を、にわかに他の地方都市に一般化すべきではなかろう。中心商店街の機能が一定水準以上働いていることや、商店の構成など、条件が整って、このような傾向が現れるのだと考えられる。他都市での検証や、若年女性層をひきつける商店街の条件などについては、今後の課題としたい。ここでは、県庁所在都市水準の都市で、中心商店街での消費的な楽しみから街なか居住志向をもつ層が現れているという可能性を指摘するにとどめたい。

7　2つの志向

ここで、これまで論じてきたことをまとめてみたい。まず調査対象者の回答結果から、40代以下の人々では、地方都市においても分譲型の集合住宅居住も選択肢に入ってきていることがうかがえる。居住地選択の要素においては、「買い物の便」「公共交通」が最上位にくることから、利便性というものが重要な要素となっているといえる。利便性と比較すると、地方都市においても、自然環境を重視する人の比率は低い。とりわけ高齢女性で利便性への欲求が強くみられる。

理想の居住地として街なか居住を選好する層は、70代女性、20代女性に多かった。また、この街なか居住への選好と利便性への欲求は関連がみられた。このことから、特に地方都市在住の高齢女性において、街なか居住への潜在的欲求が強まってきていると考えられる。

高齢者の居住地選好に関しては、「コンパクト化は、住宅や土地の放棄を伴う。このことは金銭的な損失ばかりでなく、人生の記憶を捨てるという精神的ダメージを発生させる。特に、高齢者にとって住み慣れた家から離れることには抵抗が大きい」（平，2005，p.130）という意見がある。一方で、今後「都心に住むのもまた高齢者が中心である。現在、都心回帰しているのはニューシニアと呼ばれる団塊の世代であり、この層が高齢化し、都市住民の一大勢力となる。ニューシニアの特徴はこれまでの高齢者の社会弱者的なイメージと異なっている。つまり元気で金銭的にも余裕があり、決して浪費には走らないものの、消費には積極的。多趣味で、学習意欲、コミュニケーション意欲もまた高い」（インターシティ研究会編，2002，pp.204～205）と、活動的な高齢者の都心回帰を予測する声もある。

後者の都心回帰を予測する見解は、大都市部の高齢者層が念頭におかれており、消費や趣味を積極的に楽しむ上で、様々な都市的な施設の恩恵にあずかれる街なかへの居住が進むであろうという論議である。地方都市の場合でも、そのような非日常的な楽しみを求めて街なか居住を望む高齢者がいないわけではないであろう。だが、むしろ公共交通機関が機能している点や病院その他の施設との近接という、日常生活上の利便性への強い欲求から、高齢者の街なか居住が進む可能性があると考える。それゆえ、これを「地方都市型街なか居住志向」と呼びたい。

このことは、郊外一戸建ての購入が「住宅すごろく」の終点という、従来の考えを改める時期にさしかかってきていることを指し示すものだと考えられる。高齢者層が、広すぎたり、管理もたいへんになったりした郊外住宅から、街なかの住居へ、ライフサイクルにあわせて柔軟に住み替えが行えるような施策づくりが必要になってきているといえよう（住田，2007，pp.79～80 等参照）。また同時に、さまざまな家族形態の住民向けの良質な賃貸住宅が都市中心部で供給されることが望まれる時代になってきていると考える。

一方、他の年代と比較して、20 代女性でも街なか居住を理想とする人の比率が高かった。20 代女性は、中心商店街への来街頻度が高い層が最も多く、また本章の中ではふれなかったが、中心商店街への行政支援にも賛成する比率が最も高かった。県庁所在都市水準の地方都市では、20 代女性がその中心部に足を運び、その街を支持している層なのだということが、かいまみえた。他の要素ももちろん複合してはいるであろうが、このような消費面での魅力が１つの要素となって、街なか居住志向につながっていると考えられるのである。

このように一定規模を有する地方都市においても、若い女性の間に、「都市消費型街なか居住志向」と呼ぶべき選好が生じてきていると考えられる。現在は、結婚後の住宅購入は郊外住宅地で、というのが主流である。しかし、生涯単身者が増加するなど、世帯構成や生活様式の多様化が予測されている将来世代の間には都心居住を選択する事例が増える可能性を有しているといえる。

本章の主眼は、あくまで県庁所在都市水準の地方都市在住者のどの層に街なか居住への志向が生まれているのかを、実証的に把握しようということにあった。現実的な、街なか居住促進策や、コンパクトシティ実現への道筋を示すには至っていない。しかし、地方都市にも街なか居住志向をもつ層が醸成されてきていることは示せたといえる。これまでは、地方都市のくらしというと、郊外一戸建ての居住が前提になって論じられてきたきらいがある。そこでは、ゆとりのある生活や自然との調和が、大都市圏にはない美点とされてきたように思う。こうした論調に対し、地方都市の街なかの良さは、あまり前面にでてこなかった。大都市圏よりも住宅取得費（あるいは賃貸料）は低価格で、衰退とその対策が論じはじめられた高度成長期に造成された大都市圏の郊外ニュータウンなどよりも利便性が高く、農村地帯よりも消費や文化の享受の面で満足度の高い生活が送れる、そうした地方中心都市における街なか居住の魅力が認識されるべきときがきているのではないだろうか。地方都市在住者の間に生じてきている街なか居住志向は、その証左の１つといえよう。

追　記

『松山市統計書』によると、松山市の人口は2010年に51万7,231人で頂点に達し、それからは人口減少過程に入っている。『松山市統計書』（2022年度版、p.19）の「地区別推計人口（2023年１月１日現在）」をみると、松山市の人口は50万5,304人となっており、2005年と比べて１万人近く減少している。一方、本庁区は13万1,912人で、2005年よりも1.3%微増している。中心３区は１万7,981人で、同年よりも6.5%増となっている。都心回帰の流れが、現実のものになりつつある。

付　記

本章は、「地方都市における街なか居住志向」『日本都市学会年報』第43巻（2010年）を加筆修正のうえ転載した。

参考文献・資料

阿藤誠・津谷典子編，2007，『人口減少時代の日本』原書房

インターシティ研究会編，2002，『都心居住――都市再生への魅力づくり』学芸出版社
江崎雄治，2006，『首都圏人口の将来像――都心と郊外の人口地理学』専修大学出版局
大塚伸治，2006，「第３次マンションブーム進行中！――〔愛媛〕県内の分譲マンション事情」『調査月報 IRC』2006 年３月号，いよぎん地域経済研究センター
海道清信，2001，『コンパクトシティ――持続可能な社会の都市像を求めて』学芸出版社
海道清信，2007，『コンパクトシティの計画とデザイン』学芸出版社
菊池一夫・市川虎彦・甲斐朋香，2009，『松山市における中心市街地活性化に関する実証的研究』松山大学総合研究所
クッド研究所・学芸出版社編，2006，『季刊まちづくり』第 13 号（特集　コンパクトシティの可能性と中心市街地）学芸出版社
クッド研究所・学芸出版社編，2008，『季刊まちづくり』第 18 号（特集　コンパクトシティの戦略）学芸出版社
倉沢進編，1990，『大都市の共同生活――マンション・団地の社会学』日本評論社
栗田修平，2002，「独自戦略で勝ち残りを目指す分譲マンションディベロッパー――第３次ブームの県内分譲マンション市場とディベロッパーの動向」『調査月報 IRC』2002 年７月号，いよぎん地域経済研究センター
小長谷一之，2005，『都市経済再生のまちづくり』古今書院
鈴木浩，2007，『日本版コンパクトシティ――地域循環型都市の構築』学陽書房
住田昌二，2007，『21 世紀のハウジング――〈居住政策〉の構図』ドメス出版
袖井孝子，2002，『日本の住まい変わる家族――居住福祉から居住文化へ』ミネルヴァ書房
平修久編，2005，『地域に求められる人口減少対策――発生する地域問題と迫られる対応』聖学院大学出版会
武田祐子・木下禮子編，2007，『地図でみる日本の女性』明石書店
玉川英則編，2008，『コンパクトシティ再考――理論的検証から都市像の探求へ』学芸出版社
富樫幸一・合田昭二・白樫久・山崎仁朗，2007，『人口減少時代の地方都市再生――岐阜市にみるサステナブルなまちづくり』古今書院
中出文平・地方都市研究会編，2003，『中心市街地再生と持続可能なまちづくり』学芸出版社
鳴海邦碩編，2008，『都市の魅力アップ』学芸出版社
細野助博，2007，『中心市街地の成功方程式――新しい公共の視点で考える“まちづくり”』時事通信社
松山市，1960 ～ 2006，『松山市統計書』
松山市，2008，『中心市街地活性化基本計画』
宮脇檀，1996，『都市の快適住居学――「借住まい」の楽しみ』PHP 文庫
宗田好史，2007，『中心市街地の創造力――暮らしの変化をとらえた再生への道』学芸出版社
森本信明・前田享宏，2008，『まちなか戸建――持家化社会のまちづくり』学芸出版社
山本恭逸，2006，『コンパクトシティ――青森市の挑戦』ぎょうせい
米田佐代子編，1988，『巨大都市東京と家族』有信堂

第2部

愛媛県今治市を考える

第 5 章

今治市の中心商店街の衰退から再生へ

1 今治市の成り立ちと産業

今治市は、愛媛県東部に位置する都市である。今治が、現在みられるような都市として発展するきっかけとなったのは、1604年の藤堂高虎による今治城築城である。関ヶ原の戦いの功によって、12万石の加増を得て伊予半国（東半分）20万石の大守となった藤堂は、芸予海峡に近い沿岸部での築城を願い出、許可された。これによって城下町・今治が誕生することになったのである。その後、1635年に松平定房が伊勢長島から転封され、幕末まで松平家の藩政が続いた。

明治になって、1889年12月、今治村と今治本町他7町が合併して、今治町が誕生する。さらに1920年2月、今治町と日吉村が合併して市制が施行された。その後、周辺村落を編入し、1955年の大合併では6町村と合併した。以後、半世紀にわたってこの市域が維持された。「平成の大合併」と呼ばれる国の市町村合併推進策が進められるなか、2005年1月16日に、越智郡の11町村との大合併が行われ、新今治市が誕生した。面積は419.6㎢で、それ以前の6倍近くになり、人口は18万627人を数え、愛媛県下では第2位の人口規模をもつ自治体となっている。

1955年以降、市の人口は増加をつづけ、1985年に12万5千人を超えて頂点に達する（国勢調査）。以後、人口は減少に転じ、1996年には12万人を割り込んだ。

その後も減少を続け、合併前の2003年時点で11万7千人台にまで落ち込んでいた。

今治の地場産業

今治市は、タオル製造業と造船業が主力産業の都市である[1]。タオル製造の端緒は明治期にさかのぼり、大正期には需要の増加にともない主要産地の地位を確立した。第2次世界大戦の戦災によっていったん壊滅した今治のタオル産業は、戦後すぐさま復興し、朝鮮戦争時には「糸へん景気」と呼ばれる好況を享受した。1960年には大阪府の泉南地域をぬいて、タオル生産量第1位を誇るようになる。しかし、経済のグローバル化の進展は、タオル製造業に深刻な打撃を与えている。安価な中国製の製品が日本市場に流れ込んでくるにつれ、タオル製造業者の転廃業が相次ぐようになった。現在、大手の業者の中には、主力工場を中国に建設することによって生き残りをはかるところが現れている。また、超高品質品の製造やタオル・ソムリエなどの話題づくりも行い、厳しい競争を勝ち抜いていこうとしているところである。

今治市のもう1つの地場産業である造船業は、この地にある波止浜（はしはま）湾が三方を山に囲まれた天然の良港であり、古来より潮待港・風待港として繁栄してきたところにあるとされる。また、波止浜の北隣の波方町が瀬戸内海の海運の1つの中心であったことも、この地に造船業が立地することになった理由に数えられる。

1902年に本格的なドックを備えた造船会社が設立され、木造帆船の建造がなされた。1923年より、鋼船の建造も開始された。戦後、各造船会社は鋼船建造に次々と転換していき、さらに船体の大型化も進んでいった。しかし、石油危機後の1977年から78年にかけて、造船不況が波止浜の地を襲った。会社更生法の適用を申請する造船会社も現れ、造船業従事者も3分の1になった。造船各社は、設備削減とグループ化を進め、不況に対応していった。1988年以降、海運業の好転や競争相手の韓国造船業の競争力低下から、一転して今治の造船業は好況を享受するようになった。

2　中心商店街の衰退と百貨店撤退

今治の商業をみると、その商品販売額は、愛媛県内において松山市に次いで2位の位置を占めている。人口が今治市より1万人以上多い県内第2の都市である新居浜市（2005年の新今治市成立前まで）を上回っていた。これは、今治市周辺の越智郡の町村の住民も商圏に含んでいたというのが、理由の1つであろう。また、市街地が分散している新居浜市よりも、城下町の伝統ある中心市街地が明確に存在していた今治市の方が求心力をもっていたのかもしれない。

小売業をみると、人口が最大になった1980年代半ばに商店数も最も多い数を記録している。以後、多少の上下はあるが、減少傾向をたどっている。商品販売額自体は1990年代に入るまで伸び、1991年以降は約1,500億円程度で横這いになっている。

今治市では、今治港からJR今治駅周辺地域にかけて中心市街地が形成されている。小学校区別にみた人口では、この中心市街地がある地域にあたる今治校区、美須賀校区、日吉校区とも、大幅な人口減少にみまわれている。これらの校区の人口減少は、今治市全体の人口がまだ増加傾向にあった1970年代には、すでに始まっていた。1970年と2000年とを比較すると、3校区の人口はほぼ半減している（**表5−1**）。

この中心市街地の中央部には、港から今治市役所方向にむかって新町商店街・

表5－1　今治市と中心校区の人口の推移（人）

年	今治市	今治小	美須賀小	日吉小
1970	111,125	5,970	5,517	8,706
1975	119,726	5,199	4,641	6,827
1980	123,234	4,504	3,714	6,193
1985	125,125	4,025	3,598	5,694
1990	123,114	3,465	3,466	5,181
1995	120,214	3,185	3,362	4,715
2000	117,930	2,935	2,959	4,539
1970-2000 増減（%）	6.1	−50.8	−46.4	−47.9

出所）『今治市の統計』より作成

銀座商店街という一続きのアーケード街があり、この街路沿い中心商店街が存在する。また、新町・銀座商店街から直角に北西方向へ本町商店街が伸びている。本町商店街は、江戸時代、今治城内と町人地とを結ぶ唯一の場所であった「辰の口」というところに形成されたもので、伝統ある商店街である。

中心商店街の衰退

人口と同様に、校区別の小売業の商店数、従業員数、年間商品販売額の推移をみると、あきらかに中心市街地の小売業が衰退にみまわれているのがわかる。1991年と2002年の商店数、従業員数、年間商品販売額を比較すると、いずれの校区も今治市全体の数値よりも高い比率で減少している。特に年間商品販売額は、今治市全体ではこの10年間横ばいなのに対し、3校区ではほぼ半減している（**表5−2、表5−3、表5−4**）。

今治市全体でみると、商店数が大幅減、従業員数と小売業年間販売額は横ばいという状況である。このことは、中小零細の商店が廃業し、店舗が大型化していることを示している。また、中心商店街が失った購買層を郊外店が吸い上げているという構図もみてとれる。今、今治市の中心商店街では、休日でも人通りがなく、シャッターを閉めた店舗が目につく。そこに追い討ちをかけるように、中心商店街の市役所側の入り口であるドンドビ交差点で営業していた百貨店の大丸今治店が2008年末をもって閉店した。これによって、今治市も百貨店のない街となってしまった。中心商店街も、相互補完的な関係にあった地域の基幹店を失って、ますます苦境にたたされることとなった。

3　本四連絡橋架橋と新都市計画

本州と四国を直接結ぶ本州四国連絡橋（以下、本四連絡橋）は3つのルートが着工され、児島・坂出ルート（1988年4月開通）、神戸・鳴門ルート（1998年4月開通）が順次完成していった。1999年5月、最後に残っていた尾道・今治ルート（通称：瀬戸内しまなみ海道）が開通した。このルートは広島県の尾道市から向島・因島・生口島を通って愛媛県へ入り、現在は今治市の一部となっている

表５－２　今治市と中心校区の小売業商店数（飲食店除く）（事業所数）

年	今治市	今治小	美須賀小	日吉小
1991	2,322	302	326	225
1994	2,070	274	281	184
1997	1,990	244	273	163
1999	1,962	225	258	153
2002	1,796	212	235	119
1991-2002 増減（%）	－22.7	－29.8	－27.9	－47.1

出所）『今治市の統計』より作成

表５－３　今治市と中心校区の従業員数（飲食店除く）（人）

年	今治市	今治小	美須賀小	日吉小
1991	8,837	1,194	1,063	1,377
1994	8,361	1,083	991	998
1997	8,423	1,010	872	854
1999	9,517	833	846	889
2002	8,836	749	751	704
1991-2002 増減（%）	0.0	－37.3	－29.4	－48.9

出所）『今治市の統計』より作成

表５－４　今治市と中心校区の小売業年間商品販売額（飲食店除く）（万円）

年	今治市	今治小	美須賀小	日吉小
1991	14,998,019	1,993,650	1,396,636	2,830,013
1994	15,245,810	1,881,700	1,418,287	2,282,768
1997	15,198,774	1,610,336	1,177,739	2,014,793
1999	15,066,203	982,783	1,050,524	1,639,436
2002	15,076,550	917,114	757,213	1,345,945
1991-2002 増減（%）	0.5	－54.0	－45.8	－52.4

出所）『今治市の統計』より作成

大三島・伯方島・大島を経て今治側に至っている。

地域振興につながることが期待された本四連絡橋だが、今治市の中心商店街にとっては、架橋がむしろ逆効果をもたらした。それまで島嶼部の住民は船を使って今治市までやってきていた。着港すると、すぐそこに中心商店街があり、島嶼部の人々は商店街の顧客でもあった。それが、架橋後は自動車で今治市の郊外店へ向かう流れが生じ、確実に中心部への人の流れを減少させることとなった。

この本四連絡橋の関連事業として、「今治新都市開発整備事業」が今治市では現在も進行中である。これは、架橋ルート沿いに新たな交流拠点の形成をめざすという目的で、はじめられた事業である。今治市の中心市街地から約3km西に建設された今治インターチェンジ周辺の高橋・阿方地区の丘陵地帯に、工業・流通機能、住宅、教育・研究機関、地域交流施設などを集積し、大規模公園を造成するという計画である。

1983年度から1985年度にかけて、地域振興整備公団(2)と愛媛県、今治市の共同予備調査が行われた。1986年3月に、その調査報告書である『今治新都市開発整備に係る予備調査報告書』が作成されている。その中で宅地需要の検討がなされている。「将来フレーム」として、「トレンド型」と「目標設定型」が用意されている。トレンド型は「過去の傾向に従って推計する」ものであり、目標設定型は「将来予想される各種インパクトを考慮に入れ推計する」ものである。それによると、トレンド型の将来フレームでは、2005年までに人口は約1万7千人増えて14万2千人に、工業出荷額は1982年の2,601億円から年率4%伸びつづけて2005年には6,701億円へ2.58倍に、同じく商品売額は3,569億円から6,710億円へ23年間で1.88倍になると予想されていた。目標設定型の将来フレームは、さらに大きな伸びを見込んだものとなっていた。それゆえ、新都市の計画人口は1万人とされ、独立住宅、集合住宅をあわせて3,600戸の住宅供給が必要だとされた。加えて、工業用地、流通業務用地、高次都市機能用地を確保することが提言されていた。

政策判断の誤り

皮肉なことに、新都市計画に関する予備調査の期間中の1984年に、住民基本台帳に基づく集計で、順調に増え続ける傾向にあった今治市の人口が減少を記録した（126人減）。翌年、いったん人口増へ戻るが（95名増）、予備調査報告書が出た1986年には再び減少に転じ（541人減）、以後毎年減少していくことになる。その意味で、新都市開発計画は予備調査の段階から将来推計を大きく誤っており、過大な需要予測に基づいて打ち上げられた計画であったといえるのだ。たしかに1980年代後半に日本は好景気を享受する。が、それは東京一極集中という現象をともない、地方には衰退の影が忍びよっていたのである。また、この1980年代中盤の段階で出生率の低下も顕在化していた。にもかかわらず、高度経済成長期の趨勢をそのまま将来に延長させて、右肩上りの成長を予測するという報告書が提示されたのであった。『予備調査報告書』では概算事業費として約600億円を見込み、1988年度の事業着手、2000年度完成という事業スケジュールもあわせて示されていた（**表5−5、図5−1、表5−6**）。

1998年、日本の経済環境は一変していた。「失われた10年」と称される長期不況に沈んでいたのである。今治市の人口減少傾向や工業生産の停滞も明白になっていた。にもかかわらず、当時の繁信順一市長は新都市計画事業を推進した。一方で、この時点での今治市の起債残高は、市の年間予算規模に匹敵する861億円にのぼっていた。このため、市では「財政基盤強化5カ年計画」を策定することになる。一方で行財政改革の旗を振りつつ、他方で新都市開発という大規模開発計画の推進に赴いたのである。こうして、1999年11月からは、用地買収に着手した。2000年6月には、事業実施基本計画が国土庁長官と建設大臣によって認可される。しかし、長期不況の最中、住宅や工業用地が予定通り分譲できるのか、危ぶむ声が周囲にあった。

今治市の中心商店街の商店主らは、この新都市計画が計画段階にあるときから、再三にわたって反対の声をあげてきた。市当局が、一方で中心市街地の再生を市の政策として掲げるなか、他方で中心部衰退に拍車をかけるような新都市計画を推進するのは不合理だという批判であった。しかし、平成の大合併にともなって新たに選出された越智忍市長でも、基本姿勢に変わりはなかった。

表5－5　今治市の人口の推移と新都市計画の「将来フレーム」（人）

西暦	実際の人口	トレンド型	目標設定型
1985	125,115	125,115	125,115
1990	123,114	130,000	136,000
1995	120,214	134,000	143,000
2000	117,930	138,000	150,000
2005	115,280	142,000	160,000

出所）『今治市の統計』および『今治新都市開発整備に係る予備調査報告書』
注）「実際の人口」は国勢調査による

図5－1　今治市の人口の推移と新都市計画の「将来フレーム」（人）

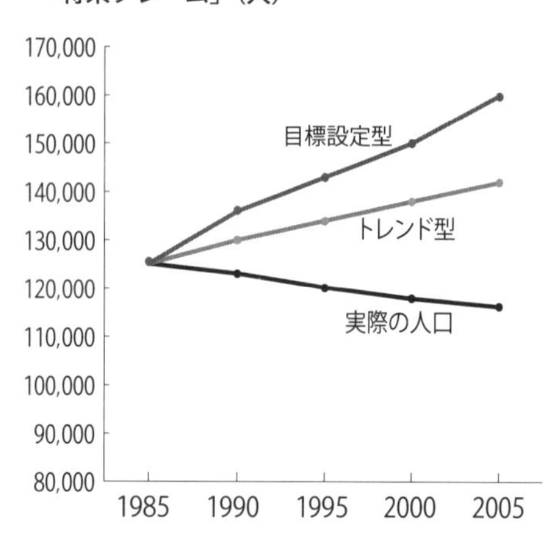

表5－6　今治市の製造品出荷額・商品販売額の推移と新都市計画「将来フレーム」（億円）

西暦	実際の出荷額	トレンド型	目標設定型	実際の販売額	トレンド型	目標設定型
1985	2,601	2,601	2,601	3,569	3,569	3,569
1990	2,610	3,560	3,870	3,907	4,450	5,320
1995	2,424	4,330	4,970	4,138	5,170	6,840
2000	1,988	5,270	6,370	4,477	5,910	8,780
2005	1,830	5,910	8,170	3,865	6,710	11,280

出所）『今治市の統計』および『今治新都市開発整備に係る予備調査報告書』
注1）商品販売額は飲食店を除く
注2）「実際の出荷額」の2005の数値は2003年の数値、また「実際の販売額」の1990、1995、2000、2005の数値は、それぞれ1991年、1994年、1999年、2004年の数値である

造成地の分譲の見通しが厳しいなかで、確実に分譲できるところから分譲する方針で、商業地として計画されていた区域を全国展開する流通グループに分譲してしまう。この施策に対し、中心商店街の商店主が反発したことはいうまでもない。

4　中心商店街の再生への取り組み

今治市の中心商店街は、全国の他の地方都市と同様に、郊外立地の大型店に

おされ、衰退を余儀なくされた。また、本四連絡橋開通によって人の流れの変化が生じたことが、追い討ちをかけることになった。さらに、今治市の政策判断の誤りといえる新都市計画事業の着手が、この先、中心商店街にまた悪影響を及ぼす懸念がある。このようなことが重なって、今治市の中心商店街は非常に厳しい状態に追い込まれている。その今治市の中心商店街の活性化への取り組みに関して、最初に指摘しておかなければならないのは、市が中心市街地活性化基本法にもとづく活性化計画の申請を、国に対して行ってこなかったという事実である。1998年に施行された旧法では、愛媛県内でも13の自治体が計画の認定を受けている。愛媛県の主要な自治体で認定を受けなかったのは今治市と西条市である。西条市の場合、旧法での認定を考えていたが、合併直前だったのでとりやめたとのことであった。実際、西条市は2006年からの改正中心市街地活性化法では、愛媛県内で最初に認定を受けた自治体となっている。こうしてみると、今治市の対応は、きわめて異例だといえよう。

今治市の「みなと再生構想」

そうはいっても、今治市も中心市街地活性化について、手をこまねいているだけではない。合併後の今治市は、造船関連の事業所を多く抱える地域を市内に組み込み、今治船主として知られる外航海運業も盛んということで、「海事都市」を掲げるようになった。その流れで、市の中心市街地活性化策として、「みなと再生構想」が2008年２月に発表されている。今治港周辺に、海事関連企業の事業所や海事関連の行政機関の入居をもくろんだ海事ビジネスセンターを造るほか、市民活動の拠点となる今治シビックプライドセンター（ICPC）の建設、市民広場、沖洲公園、交通ターミナルなどの整備が提言されている。このような港周辺の整備を起爆剤として、中心市街地の活性化をすすめようという考えである。

中心部に人を呼び込むしかけをつくると同時に、市のイメージ形成を目指そうという狙いがみられる素案である。しかし、架橋によって今治港の機能自体が縮小傾向にあるなかで、港湾中心の活性化計画がどこまで実効性を挙げるのか、疑問は残る。上記の諸施設をすべて整備するために必要な額は、50～60億円と算定されている。新都市計画を開始させずに、こちらの「みなと再生構想」に着手していれば、との感もわく。

ICPCは、建築物の名称として想定されているだけではなく、まちづくりをすすめていく中心組織の名称としても使用することも考えられている。現在、このまちづくり法人への参加が、市民によびかけられているところである。

民間からの再生への動き

今治市の行政の動きは、どうしても旧態依然としたハコモノ中心の構想にみえる。それに対して、今治商店街協同組合では、空き店舗対策として、6か月間の家賃補助を掲げた「チャレンジショップ」という制度を立ち上げている。しかし、6か月の期間終了とともに、撤退してしまう店舗が多く、抜本的な対策とはなっていないという。

そんな中で、今治市を活性化しようと独自の活動を開始したのが、「バリブロ会（今治ブロガーOFF会）」である。今治市内でインターネットのブログ（日記形式のホームページ）を開設している人々によって2008年6月に発足した会である。現在、ブログの登録者は80名を超え、オフ会のみの参加者も含めると100名超（当時）になっている。だいたい2か月に1回程度、オフ会を開催して交流してきている。ブログによって、今治市に関する情報発信をし、市外から人々を呼び込み、今治市を活性化していこうという意図をもって会は運営されている。

また、バリブロ会の活動の中から、市の新しい名物として「イマバリラーメン」をつくり、今治市の活性化に役立てていこうという話がもちあがった。この計画は、市内でラーメン店を営むバリブロ会の会員を中心に実行に移され、2009年8月に完成をみた。魚介類で出汁をとった塩味のスープのラーメンが、イマバリラーメンとして発表されたのである。このイマバリラーメンは、2024年9月現在、市内の3店で提供されている。「B級グルメ」によるまちおこしは、近年、さまざまな試みが紹介され、注目を集めている。今治市は、もともと鉄板で焼く焼鳥が、その種のB級グルメとして取り上げられることが多かった[(3)]。イマバリラーメンがそこに加わり、相乗効果で市の活性化につながっていくことが期待されるところである。

このように、行政に依存しない民間独自の活動が、今治市に生まれている。この活動は、直接商店経営にたずさわっていない人によっても担われていることや、ブログという今日的な表現形態によるつながりが発端となっているところなどに特徴があるといえよう。今後のさらなる活動が期待される。

追　記

『Ｂ級グルメが地方を救う』という著書が2008年に刊行されたことからもわかるように、2000年代後半はその地域独特の安価な料理が注目を浴びた。そのような盛り上がりの中、「創作系」とでも称したい「Ｂ級グルメ」まで登場した。昔ながらの名物料理がない地域において、地域おこしの一環として新しく地域の名物料理を創り出そうとする動きである。イマバリラーメンも、その１つと言える。しかし、現在に至るまで市内での提供店は３店にとどまり、地域活性化に一役買ったとまではいえないようである。以前から今治市内に存在する焼豚玉子飯の方が、人々の認知度も人気も高いように見受けられる。全国に現れた創作系Ｂ級グルメの中には、人知れず消えていってしまったものもある。Ｂ級グルメの祭典・Ｂ−１グランプリも開催されなくなっている。人の世は移ろいやすい。

今治港周辺再開発事業では、原広司氏設計のみなと交流センター「はーばりー」が2016年７月に開所している。また、毎月２回、日曜日に飲食の出店が集合する「せとうちみなとマルシェ」が開催されている。

付　記

本章は、「今治市の中心商店街の現状と再生への取り組み」、鈴木茂・山崎泰央編『都市の再生と中心商店街』（ぎょうせい、2010年）を加筆修正のうえ転載した。

注

(1)　今治市の産業および経済については、鈴木（1998）を参照。
(2)　地域振興整備公団の地方都市開発整備部門は、2004年７月に都市基盤整備公団と統合され、都市再生機構が新たに設立された。現在の今治新都市計画事業の事業主体は、独立行政法人都市再生機構である。
(3)　たとえば、田村（2008）pp.75〜76。ちなみにイマバリラーメンでは、焼鳥の街を象徴させて、鶏肉を具材に使用している。

参考文献

市川虎彦・矢島伸浩，2008，『グローバル化と地場産業都市』松山大学総合研究所
今治市『今治市の統計』各年度版
今治市誌編さん委員会，1974，『新今治市誌』今治市役所
今治郷土史さん委員会，1990，『今治郷土史第9巻　現代の今治』今治市役所
愛媛県，1986，『今治新都市開発整備に係る予備調査報告書』
鈴木茂，1998，『産業文化都市の創造――地方工業都市の内発型発展』松山大学総合研究所
田村秀，2008，『B級グルメが地方を救う』集英社新書

第6章

地元からみた獣医学部新設問題
——今治新都市計画とは何だったのか

1　今治市と宇多津町
—— 橋の架かる街

2017年5月、加計学園の獣医学部新設をめぐる「総理のご意向」文書[(1)]の存在が報じられ、それ以降、何度となく空中から捉えた今治市内の校舎新設工事現場の映像が、テレビを通じて全国に流れることになった。

2005年1月に、今治市と越智郡の12市町村が、文字通り大合併して新今治市が成立した。合併当時の人口は約18万人で、新居浜市を抜いて愛媛県第2位、四国全体でも第5位の市となった。しかし合併後、人口は減り続け、今では15万人台に落ち込んでいる。

今治といえば、最近は「バリィさん」が2012年のゆるキャラグランプリで優勝したり、B－1グランプリで焼豚玉子飯が上位入賞を果たしたりと、少し前は明るい話題が多かった。また近年、西瀬戸自動車道（しまなみ海道）がサイクリングロードとして注目されつつある。2018年に岡山理科大学獣医学部が開設された今治新都市は、実はこの西瀬戸自動車道の関連事業として構想されたものなのである。

今治新都市計画の前に、宇多津新都市計画というものがあった。岡山県児島と香川県坂出を結ぶ瀬戸大橋架橋にあわせて、四国側の玄関口となる宇多津町の塩田跡地を再開発しようという計画であった。1975年の時点で宇多津町の人口は1万752人にすぎなかったけれども、1977年に新都市開発計画の事業認可がおりた。瀬戸大橋は1988年4月に開通する。この間、宇多津町の人口は順調に伸び、1990年には1万2,807人と、1975年から20%近い人口増加を示した。そして少子高齢化だ、地方消滅だと騒がれる今日に至るまで人口は増え続け、2015年の国勢調査ではなんと1万8,952人となっている。このような地域であれば、新都市開発の必要性も高く、その効果も大きかったといえよう。ちなみに宇多津町の2015年度決算による財政力指数は0.86で、県庁所在地の高松市（0.81）や工業都市の坂出市（0.84）を抑えて香川県内1位を誇っている。

では、今治新都市計画はどうであったのであろうか。

2 今治新都市計画

「今治新都市開発整備事業」は、本四連絡橋の関連事業として、架橋ルート沿いに新たな交流拠点形成をめざすというものであった。今治市の中心市街地から約3km西に建設される今治インターチェンジ周辺の高橋・阿方地区の丘陵地帯に、工業・流通機能、住宅、教育・研究機関、地域交流施設などを集積し、大規模公園を造成するという一大計画であった。

1983年度から1985年度にかけて、地域振興整備公団（現・都市再生機構）と愛媛県、今治市の共同予備調査が行われ、1986年3月に『今治新都市開発整備に係る予備調査報告書』が提出されたことは、前章で述べたとおりである。

今治新都市は丘陵地を新たに切り開いて土地造成事業を行うため、塩田跡を活用した宇多津新都市（事業費約233億円）よりも事業費は膨らみ、概算事業費として約600億円を見込んでいた。

1986年度から1988年度にかけて予備調査を行った3主体によって、さらに「事業計画調査」が行われ、1992年に国の新規事業予定箇所の採択を受けた。これにより用地測量などを開始し、1996年度から用地譲渡同意交渉に着手することになる。

今治市の人口減少傾向や工業生産の停滞が明白になるなか、市は新都市開発という大規模開発計画の推進をやめず、1999年11月から用地買収に進んだ。一度始めると、必要性が疑われるようになっても絶対に止まらない公共事業の典型のような体をなしてくるのである。

3 高等教育機関の誘致計画

2000年3月に地域振興整備財団から『今治新都市開発整備事業促進検討調査報告書』が出される。これによると、新都市の住宅地では一戸建住宅900戸・集合住宅200戸の分譲を予定し、その他に産業用地と商業用地にそれぞれ10haずつをあて、さらに高等教育機関、交流センター、試験研究施設の誘致を見込んでいた。2000年6月には、事業実施基本計画が国土庁長官と建設大臣によって認可される。

しかし、長期不況の最中、住宅や工業用地が予定通り分譲できるのか、危ぶむ声が地元でも存在した。そうしたなかで、着工に向けて最後の一押しの役割を果たしたのが、私の勤務する松山大学であったようなのだ。

松山大学は、2001年から2003年にかけて青野勝弘という人物が学長の任にあった。かなり強引な大学運営をしたため、この学長の在任中は教授会が常にもめていた。青野学長の施策の中でも、多くの大学構成員の反対にあったのが、今治市に総合マネジメント学部を新設するという案であった。これから受験生が減少していく時代に、人口規模で松山市の約4分の1（合併前）の今治市に、しかも市街地からの交通の便の悪い丘の上に、経営学部がすでにあるのに教育内容が重なるような新学部をつくって定員が充足できるのか、というもっともな反対論が大勢を占めたのである。すったもんだの挙句、新学部は教授会で否決され頓挫してしまう。

ところが今治キャンパス推進派は、教授会の議決を得る前に今治市議会に対して今治進出を表明していたようなのだ。私は、徳永安清という今治市長選に立候補した市議から、「あんたのところが出てくれるというから安心して、ワシは賛成したんよ」と言われたことがある。こうして2002年度、今治新都市計画は着工に至る。その途端、松山大学の新学部開設の話が消滅してしまったというわけである。梯子を外された格好となった今治市では、新都市計画の是非が合併後の新市長を決める2005年の市長選の最大の争点となった。保守系4候補が、推進論、凍結論、中止論、見直し論に分かれて選挙戦を闘った。しかしいくら先行きが不透明になっても、いったん工事を始めてしまうと事業中止という方策は非現実的になり、退くに退けなくなってしまうのは、ここでも同じである。

それから数年後、見直し論を掲げて当選した越智忍市長のもとに、加計学園の獣医学部新設の話が舞い込んだ。「渡りに船」とはこのことで、今治市をあげて獣医学部誘致をめざすことになる。今治市では、2007年から構造改革特区を利用して何度も獣医学部新設を求めた。しかし、文部科学省は獣医学部の新設を認めなかった。

4 新都市開発のツケ
── 中心部の衰退と財政問題

今治市は、時代の趨勢に逆らって大規模郊外開発を進めていった。その間、前章で述べた通り今治市の中心市街地は衰退する一方であった。中心部のアーケード商店街は、これが四国5位の都市かというぐらいの、みるも無残なシャッター街と化し、市内のへそであるドンドビ交差点には2008年末で閉店した百貨店の跡地が今も更地のまま残っている。

一方、造成してしまった土地は塩漬けにしておけない。売れるところから売ってしまえとばかりに、今治市は中心商店街の強い反対を抑えて新都市の10ha分をイオンに売却する。出店は大幅に遅れたが、2016年4月に郊外型大型商業施設のイオンモール今治新都市が開店している。

獣医学部誘致の話は、2012年に第2次安倍晋三内閣が成立すると、にわかに動き始める。まず、翌年に国家戦略特区が制度化された。今治市は、この国家戦略特区を用いた獣医学部誘致を引き続き目指した。2015年6月になって、半世紀以上認められてこなかった獣医学部新設を政府が認めることになった。2016年1月には、今治市が国家戦略特区の指定を受ける。そして、2017年1

月に加計学園が獣医学部新設の事業者に選定されるという流れであった。この後、「総理のご意向」文書の存在が指摘され、疑惑の追及がなされたのである。

地元では、獣医学部開設によって教職員や学生が、住んで、食べて、遊んで、納税してくれることへの期待が高いのであろう。しかし、加計学園に対し新都市の土地約37億円相当を無償譲渡し、さらに事業費の半分にあたる96億円の補助金を支出するとなるとどうであろうか。

前出の宇多津町と異なり、今治市はけして財政状況がいい自治体ではない。2015年度決算によると、財政力指数は0.57（愛媛県下6位）。経常収支比率は89.2で、愛媛県下20市町中18位。実質公債費比率に至っては12.8で、県下最悪である。そこに、獣医学部の補助金がかぶさるのである。加計学園グループの千葉科学大学を誘致して補助金を出したために財政が悪化した銚子市の二の舞になるのではないかという声が出るのも、ある意味当然といえよう。

これに対して今治市は、獣医学部の経済効果を年間20億円と宣伝している。私はとある会合で隣りあった地元シンクタンクの所員に、「20億円という数字は、ほんとうなんですかね。それに持続的に定員充足できるんでしょうか」と話しかけてみた。すると、「あれ、うちが出した数字なんです。今治市が言うとおりに計算したら、ああなりました」と言うではないか。今治市の希望的観測にお墨付きを与えるのがシンクタンクの役割であったということで、あまりあてになる数字ではないようだ。しかしここでも、では土地を塩漬けのままにしておけばいいのか、という議論になる。筋の悪い行政施策は、どこまでいっても難題を抱えてしまう。

追　記

岡山理科大学獣医学部は、2018年4月に開学し、2023年度に完成年度を迎え、初めての卒業生を送り出した。

今治市中心部の大丸百貨店跡地は、いまだに更地のままである。

今治市の財政を2023年度決算でみると、財政力指数は0.51（愛媛県下20市町中7位）、経常収支比率95.3（同17位）、実質公債費比率9.3（同13位）である。2015年度と比べると、実質公債費比率は改善されている。しかし、経常収支比率は悪化しており、義務的に支出せざるを得ない経常的経費に予算の大半が費消されていることになる。

付　記

本章は､｢地元からみた獣医学部新設問題――今治新都市計画がもたらしたもの｣『現代の理論』デジタル版13号（2017年）を加筆修正のうえ転載した。

注

(1) 2017年5月に、「これは総理のご意向」と記された加計学園の獣医学部新設計画に関する文部科学省の文書の存在が報道された。当時の安倍晋三首相が、「腹心の友」加計孝太郎理事長の加計学園に便宜を図ったのではないかとの疑惑が指摘された。

第 3 部

四国の社会問題

第 7 章

20年を経た「平成の大合併」、“先進県”愛媛を例に考える

1　愛媛は市町村合併先進県

周知のように、2000年代半ば、全国で市町村合併が進められ、「平成の大合併」と称された。地方分権の推進が謳われるなか、実態としては財政基盤の弱い人口1万人以下の基礎自治体をなくし、効率的な地方自治体を創り上げようとするものであったといってよいだろう。各地で合併が始まって、2024年でちょうど20年目ということで、愛媛県内でもあらためて合併について検証しようという動きもあるようである。

「平成の大合併」時の愛媛県知事は元文部官僚の加戸守行であった。加戸知事は国の方針には忠実に従う体質で、加計学園獣医学部設置問題についての国会参考人招致では露骨に安倍晋三元首相寄りの証言をしていた人物である。当然のことながら、市町村合併も、時に強圧的な態度をもって推進の旗振り役となった。2001年2月に発表された「愛媛県市町村合併推進要綱」の中で示された合併の「基本パターン」は、70市町村を11市町に再編するという非常に統合度の高い案であった。これに基づき、一時は70市町村すべてが合併協議会に参加した。

県当局は愛媛県における合併を総括して、「本県における平成の大合併は、県として積極的に合併を推進したこともあり、（中略）県内の市町村数は

表7－1　平成の大合併における市町村減少率上位5県

	市町村数		減少率
	1999.3.31	2010.3.31	
長崎県	79	21	73.4%
広島県	86	23	73.3%
新潟県	112	30	73.2%
愛媛県	70	20	71.4%
大分県	58	18	69.0%
全国	3,232	1,730	46.5%

出所）総務省「「平成の合併」について」2010年3月公表

表7－2　大洲市の合併前の各市町村の人口・面積

	人口（人）	面積（㎢）
旧大洲市	39,011	240.99
旧長浜町	9,266	74.79
旧肱川町	3,211	63.30
旧河辺村	1,048	53.12

出所）『愛媛県市町村合併誌』2006年，p.578

70から20へと大きく減少し、その減少率は全国平均の43.6%を大きく上回る71.4%となったことから、本県は広島県と並ぶ平成の大合併における『合併先進県』と呼ばれることとなった」（愛媛県, 2006, p.2）と、自画自賛している（**表7−1**）。果たして合併が進んだことは「手柄」なのであろうか。では、合併した地域の住民は市町村合併をどのように評価しているのであろうか。また、合併によって、いかなる事態が地域に生じたのであろうか。

筆者は、愛媛県内で市町村合併の評価に関する意識調査を多くの自治体で実施してきた。その典型的な結果を1つだけ示したい。大洲市は、旧大洲市・旧長浜町・旧肱川町・旧河辺村が新設合併して成立している（**表7−2**）。合併の中核自治体である旧大洲市は、1960年代末から積極的な企業誘致を行い、1970年代後半以降から1980年代前半にかけて人口が増加した市である。旧長浜町は、肱川の河口に位置し、藩政時代に大洲藩の外港となったことから発展した町である。近代以降、戦前までの長浜は、肱川の水運を用いた木材の集散地として繁栄した。日本三大木材集散地の1つともいわれるほどであった。旧肱川町、旧河辺村は、ともに谷あいの町村であり、農林業が主産業である。

表7−3は、合併してよかったと思うか、そうは思わないかを尋ねた質問に対する回答結果である。新市の中心である旧大洲市の住民は、「どちらともいえない」が最も多い。これは多くの自治体でみられた傾向である。中核自治体では、合併しても以前と同じで変わらないと感じる住民が多いので、よくも悪

表７－３　旧市町村 × 合併評価（%）

	よかった	ややよかった	どちらともいえない	あまりよくなかった	よくなかった	%の基数
旧大洲市	10.8	9.0	55.1	16.3	8.8	454
旧長浜町	7.0	7.0	38.6	27.2	20.2	114
旧肱川町・旧河辺村	4.3	2.1	17.0	31.9	44.7	47
合計	9.6	8.1	49.1	19.5	13.7	615

注）旧肱川町と旧河辺村は実数が少ないので統合した。χ^2 乗検定の結果 1% 水準で有意である。大洲市選挙人名簿より系統標本抽出した 20 歳以上の男女 1500 名対象。調査期間：2009 年 7 月 10 ～ 31 日。郵送調査法。有効回答 655 票（回収率 43.6%）

くもないという回答が多数派になる。

「よくなかった」「あまりよくなかった」という回答は、旧長浜町、旧肱川町・旧河辺村という順に激増していく。周辺的な地域になればなるほど、「よくなかった」という回答が増加するのも、多くの自治体に共通してみられた傾向である。また、「住民の声が反映されにくくなった」「中心地ばかりが重視され、周辺部が取り残されている」「市民に対する行政サービスの低下が起こっている」に、「そう思う」と回答する住民が多くなるのも、周辺的な地域の特徴である。

合併から 20 年が経とうとしている。しかし、新自治体に周辺部として組み込まれるような形になった地域では、いまだに「合併なんかしなければよかった」という声が聞かれる。次に、筆者が愛媛県内で見たり聞いたりした範囲で、合併がもたらした現象について述べていくことにする。

2　市町村合併の帰結

── 飲食店街・建設業・観光・自治・災害対応

松山市と合併したのは、東隣の北条市と沖合に浮かぶ島嶼から成る中島町である。北条市は、合併時の 2005 年で人口が約 2 万 8 千人であった。合併しなくても、自立可能な人口規模といえた。県が合併を強力に推し進めるなか、自らが主導権を握って合併を進めることができる適当な自治体が周辺に存在しなかった。それゆえ、人口約48万人の松山市との合併を選択することとなった。その結果、何が起こったのか。

まず、旧国道196号線沿いの商店街の衰退に拍車がかかった。この点に関しては、合併と同時期に開通した北条バイパス沿いに大型店が立地し、人の流れがそちらに移ったことは大きい。しかし、衰退していく商店街の店舗のなかでも、飲食店は営業を継続できる例が多い。合併は、この飲食店に負の影響を与えたという。顧客であった市職員の数が激減したことが響いている。また、農協の合併も行われているので、農協職員の利用も減少した。折々の宴会もなくなってしまった。先が見えないなか、閉店する店舗が現われた。「合併で飲み屋街が寂れた」という話は、西予市野村町でも聞いた。西予市の中心は旧宇和町であり、旧野村町では合併によって、やはり町職員が大幅に削減された。お得意さまの喪失は、飲み屋街を直撃したわけである。

さらに旧北条市では、地域の雇用を下支えする建設業界が、松山市と合併したことによって崩壊した。それまでは、北条市発注の事業を北条市の事業者が受けていた。しかし、合併によってそのようなことができなくなり、北条地区の事業であっても松山市の業者と競うことになった。そこで、規模の大きな松山市の業者に、北条の業者が入札で負けるという現象が生じていった。結果として、廃業する業者が続出したとのことであった。このことも、当然、飲食店街に悪影響を及ぼす。

旧北条市は、脚本家の早坂暁氏の出身地であり、代表作の1つで自伝的な作品である『花へんろ』を観光に活用しようという動きなどもあった。合併後、北条市観光協会は松山市観光協会に統合され、廃止されてしまっている。現在の松山市長・野志克仁は北条出身である。北条地区の住民には、市長は北条のことを気にかけてくれているという感覚を持つ人が多くいるようである。しかし、市長が変わったら、北条独自の施策などを立案、実行してくれるかどうか、危惧する声もまた聞こえてくる。

観光といえば、愛媛県内では観光まちづくりの優等生とみなされてきたのが、第1章でも述べた旧双海町である。伊予灘に面した町で、町役場職員であった若松進一氏を中心に「夕日」を活かしたまちづくりに取り組んできた地域である。伊予灘に沈んでいく夕日の美しさをまちづくりの核に据え、「しずむ夕日が立ちどまるまち」を謳い文句に地域おこしが進められた。海岸には「ふたみシーサイド公園」が造成され、1991 年３月に開園された。園内の道の駅の運営は、町が出資して設立された第３セクター「有限会社シーサイドふたみ」が担った。地元の女性らが雇用され、多く観光客がここを訪れ、成功事例ともてはやされた。しかし、伊予市などとの合併後、老朽化した建物の新築を契機に、新たな管理者の選定が行われることになった。伊予市役所は選定にあたって企画提案競技総合評価（プロポーザル）方式を採用した。選ばれたのは松山に本社がある旅行会社であり、シーサイドふたみではなかった。この結果、業務を失ったシーサイドふたみは存続不可能になり、解散に追い込まれてしまった。これも、合併が生んだ悲劇の１つといってよい。すでに退職している若松氏は、自らが関わってきた第３セクター解散の報に接し、その悔しさを自身のブログ（shin-1さんの日記）に綴っている。まちおこしも、旧町単位ではどうにもならなくなってしまっているのである。

行政面での変化もある。北条市は、「昭和の合併」で市を構成するようになった旧７町村が区としてまとまりを保っていた。区は、それぞれ区長を選出する慣わしになっている。さらに、7 区長の中から代表区長が選ばれる。代表区長は、市議会議員以上に、北条市行政に大きな影響力を発揮していたという。住民の声を市政に届けるための独自の体制をもっていたのが、北条市であった。合併後、松山市は区長制を廃止し、広報委員制度に改めた。現在は、区長制の有用性を市も認め、区長制が復活している。しかし、市に対して７区長それぞれが個別に接する形になっているため、以前のような影響力はなくなったという。当然のことながら、支所では対応できない農林業関係などの陳情、説明は、松山市まで出向かねばならなくなっている。

合併は災害対応にも影響を与えている。2018 年７月の西日本豪雨では、愛媛県でも大きな被害が発生した。大洲市では肱川が氾濫し、浸水面積は 1,372ha に及んだ。大洲市の旧肱川町に存する道の駅「清流の里ひじかわ」も、床上浸水の被害にあった。駅長は、個人的な感想として「道の駅の復興は、市町村合併していない方が、短時間にできたのではないか」と述べていた。１つ１つ、大洲市の本庁にお伺いを立てて進めねばならなかったので、余計な時間がかかったように感じたという。旧肱川町という枠組みであったら、もっと迅速な対応が取れたのではないかとの指摘があった。

また、同様に肱川の氾濫被害にあった西予市は、東宇和郡の旧宇和町・旧野村町・旧城川町・旧明浜町と西宇和郡の旧三瓶町が合併してできた市である。郡をまたぐ合併であったわけである。西宇和郡に属していた旧三瓶町は、八幡浜市と行政上のつながりが強かった。三瓶地区の消防は、合併後も八幡浜消防署の管轄区域という不自然な状態が続いている。災害時に支障が生じないか、懸念する声を聞いた。

3 混乱する市政
── 西条市

西条市は、2004年11月、旧西条市・旧東予市・旧小松町・旧丹原町が新設合併して成立した市である。旧西条市長の伊藤宏太郎市長は、無投票で新市の市長となり、2008年11月には、旧西条市から立候補した3名の対立候補に圧勝して2度目の当選を果たした。

地理的には、旧西条市の西へ旧小松町・旧東予市・旧丹原町と連なっている。そのため、新市全体からみると、旧西条市役所は新市の東に偏った位置になっていた。そこで合併協定では、新市の市庁舎は現西条市役所よりも西の適地に新庁舎を建設する、と取り決められた。ところが、伊藤市長は2期目の在任中に、増改築によって現在の市庁舎を使い続けるとの方針を打ち出した。新たに用地を買収して新庁舎を建設するよりも、現庁舎の増改築の方が財政的な影響が小さいとの判断からであった。

伊藤市長が3選を目指した2012年11月の市長選は、その市庁舎改修を合併協定違反だとして、増改築見直しを公約に掲げた青野勝が対立候補として立った。青野は、最後の東予市長であり、合併後は県議に回っていた。大激戦となった市長選は、わずか122票差で青野の当選であった。

この市長選の段階で、改修工事は建設会社との契約も済み、すでに着工済みであった。増改築見直しを公約に掲げた青野市長ではあったが、違約金の発生やこれまでの工事が無駄になるという現実の前に、工事を再開するより他に採る道はなかった。これに対して、「見直し」という公約に対する違反である、との批判を展開したのが伊藤派の市議たちであった。現庁舎改修案に賛成していた市議たちが、工事再開を批判するのだから、「政争の具にする」とはまさにこのことである。青野市長は青野市長で、おそらく工事停止は不可能とわかっていたであろう。その上で、市庁舎問題を選挙戦での現職批判の格好の材料として利用したものと思われる。

こうしたなか、2013年1月の市議会において、公約違反を理由とした青野市長不信任案の採決が行われ、4分の3以上の賛成をもって可決されることとなった（定数30：賛成21・反対7・欠席1・欠員1）。改めて市長選で信を問うか、議会を解散するかの選択を迫られた青野市長は、議会解散を選んだ。2月に市議会議員選挙が行われ、新議員が選出された。

規定では、新たに選出された市議が初召集された市議会において、3分の2以上の議員が出席して過半数が賛成すれば、市長失職であった。4分の3以上の賛成から過半数の賛成に障壁が一気に下がるので青野市長失職かと思いきや、そうは問屋がおろさなかった。市議会は、3分の2以上の出席という規定を充たすことができなかったのである。12名に増えた青野派の市議が、議会を欠席し続けるという奇策に出たためである。不信任案の採決ができないまま、市議会は閉会となってしまった。

めったにみられない事象が次々と展開していったため、地方自治の仕組みをあらためて学ぶには、またとない事例とはなった。しかし、外からは混乱と対立が続く西条市とみられ、市民の間にも政争はいいかげんにしてくれという空気が漂ったのは言うまでもない。

地理的には、西条市の中心部から小松町の中心部まで国道11号線沿いに市街地が連坦している。一方、東予市と丹原町の間は、県道48号線に沿って大型店が連続して立地している。しかし、この2つの市街地の間には、中山川が流れ、広い農地が挟まっているのである。1市1町ずつの合併ならばまだ無理がなかったものを、県が広域合併を遮二無二進めたために無用の混乱を生じさせたと言える。

4 「先進」事例が示唆すること
――道州制導入論議に備えて

これまでみてきたように、「平成の大合併」の帰結として、最も目につくのは周辺部の衰退である。周辺部住民の合併に対する評価が低くなるのは当然である。広すぎる合併は、地域融和に時間を要す方向に作用し、時に無用な政争を招いた。また、旧市町村単位での独自施策の実行が困難になる傾向が認められた。

この先、人口減少が進めば、60万人、50万人という現在の県庁所在都市なみの人口規模の県が現われてくる。そうしたなかで、道州制導入がいよいよ実行に移されんとするであろう。「平成の大合併」と同様、錦の御旗は地方分権推進で、真の目的は地方行政の効率化である。

道州制が導入されて、仮に四国州が設置されたとしたら、州庁は現在も国の出先機関が集中し、JR四国や四国電力のようなブロック企業本社がある高松市に置かれよう。愛媛県は、県全体として周辺化される。愛媛のことが、高松で決定されるようになってしまう。「平成の大合併」で旧双海町などが味わった悲哀を、愛媛県が甘受せねばならなくなるのである。

西条市政のことを想起すれば、州知事選挙はしばらくの間、各県から立候補者が出て、地域間の対立感情をあおるような選挙戦が展開されることがあるかもしれない。地域の一体化を目的とした道州制導入が、近県住民の間に感情的なわだかまりを生むのであれば、皮肉な事態といえる。また、災害や新型コロナ禍のような緊急事態の時に、州という広域な単位で適切な対応はできるのであろうか。疑問の種は尽きない。

『松山市史』には、「同じ城下町であった今治と比較して、もしも県庁が置かれていなかったならば松山が近代にどのような推移をみせたかを考えることは有用であろう。明治期には県内屈指の工業都市に成長した今治に対し、松山での産業は旧藩時代以来の家内工業形態の伊予絣にとどまった。流通センターとしての機能は後背地の規模から推測しても松山の方が大きかったから、問屋・仲買や金融機関はある程度集中したであろうが、今治の発展に対応してそれらの機能が松山から今治に移行したかもしれない」（松山市役所，1995，pp.8～9）という記述がみられる。松山市に県庁が置かれていなかったならば、今日のような近代都市としての発展はなかったかもしれないという見解が、市の公式の「市史」にみられるわけで、興味深い。県庁所在都市となることによって、県の行政機構、国の出先機関、全国展開する企業の支店、県単位に存在するマスコミや金融機関等の中枢管理機能が、その都市に集中する。これだけで、その地は発展のための有利な条件を形成しうる。

道州制導入により、県庁があることによって栄えた市から県庁がなくなればどうなるか、誰にでも容易に想像がつく。道州制によって最も打撃を受けるのは、愛媛県内では実は松山市であろう。県庁職員の大幅削減、各種の県連合会の再編統合、企業の支店の整理縮小などが生じ、雇用が大幅に減少すると予測されるからである。そうなれば、小売業・サービス業も衰退せざるを得ない。その先は、螺旋状に縮小と衰退が進んでいくに違いない。消費都市である松山市は、安閑とはしていられないのである。

最後に一言付け加えれば、愛媛県に限らず、州庁所在県となる見込みのない県は、「平成の大合併」を教訓として、道州制導入に対抗するために、持続可能な自立した県づくりを模索していかねばならないと考える。

付　記

本章は、「20 年を経た「平成の大合併」の評価と教訓――“先進県”愛媛を例に考える」『現代の理論』デジタル版 38 号（2024 年）を加筆修正のうえ転載した。

参考文献

shin-1 さんの日記　https://ameblo.jp/shin-1/
松山市役所 , 1995,『松山市史　第 3 巻　近代』
愛媛県 , 2006,『愛媛県市町村合併誌』

第 8 章

四国新幹線は
人口減少時代の公共投資となるのか

1　四国新幹線という計画

四国新幹線は、1973年に基本計画決定された新幹線計画である。大阪を起点にして紀淡海峡を渡り、徳島市、高松市、松山市の各県庁所在地を結んでさらに西に進み、佐田岬半島を通過して豊予海峡を渡海して大分市に至るというものである。現在の予讃線は、愛媛県の西条市まで西進し、そこから今治市に向けて北に進路を変え、海沿いに高縄山系を回り込むようにして松山に至っている。計画では高速化を図るため、この山腹にトンネルを掘削して、西条と松山を直接結ぶことになっている。海を渡り、山を打ち抜き、総額でいくらかかるのかというような壮大な計画である。

この計画とは別に、同年に基本計画決定されたのが四国横断新幹線である。こちらは岡山市から瀬戸大橋を渡り、四国山地にトンネルを穿ち、高知に至るという計画である。そのため、瀬戸大橋は新幹線が通過できる橋梁として完成している。一般には、この四国横断新幹線も含めて、四国新幹線ということの方が多いようである。

2017年に四国新幹線整備促進期成会が結成されており、実現に向けて様々な行動を起こしている。四国新幹線の実現を目指す経済界、行政関係者も、さすがに海峡トンネルを掘削しては採算が取れないことは理解している。最も実現可能性の高い案としているのが、松山—高松—徳島間および岡山—高知間の2路線のみの建設で、期成会では費用便益比がこの場合1.03と試算している。様々な案の中で、この計画のみ便益の方が上回ることになっている。整備延長302㎞、概算事業費1.57兆円、経済波及効果169億円（年間）との試算結果が公表されている。

もちろん四国新幹線は整備新幹線ではなく、基本計画路線なので、まったく着工の見通しがついていない。にもかかわらず、国の予算で毎年調査費が計上されていた。このことに批判が生じ、今は調査費もつかない状態になっている。新幹線以前に、そもそも四国の鉄道は、どのような状況にあるのだろうか。次にそれをみてみたい。

2 JR四国の現状

本州にあるJR東日本・JR東海・JR西日本は収益を上げている。一方、三島会社と称されるJR九州・JR北海道・JR四国は、もともと不利な地理的条件の下に置かれており、分割民営化の当初から将来を不安視されていた。

なかでもJR四国は、最も厳しい経営環境に置かれている。というのも、JR九州は福岡周辺、JR北海道は札幌周辺という人口が集中しているドル箱地域があり、そこが収益源となっている。ところがJR四国の場合、そのような収益をあげられる地域がないのである。人口が一極集中しておらず、分散しているというのは地域のあり方として望ましいことではある。しかし、人口の分散は移動手段を自動車優位にさせてしまう。鉄道経営という観点からみると、黒字を生み出してくれる路線が存在しない状態に陥らされてしまう。四国は360万人が分散して居住しているがゆえに、JR四国は全路線で赤字になってしまっている。一方、人口500万人の北海道は札幌市に200万人が集中しているので、この都市圏交通がJR北海道に利益をもたらす構造になっている。

さらに悪いことに四国でも高速道路の整備が進んだ結果、JR四国には都市間交通においても高速バスという手ごわい競争相手が立ちはだかることになった。**表8−1**に示したとおり、松山—高知、松山—徳島、高松—高知間はJRが競争

表８－１　四国の県庁所在地間の所要時間と料金（2024 年 11 月現在）

	ＪＲ		バス	
	所要時間	料金（円）	所要時間	料金（円）
松山―高知	4 時間	9,890	2 時間 45 分	4,000
松山―徳島	3 時間 40 分	8,900	3 時間 30 分	4,800
松山―高松	2 時間 30 分	6,160	2 時間 50 分	4,400
高松―高知	2 時間 10 分	5,050	2 時間 10 分	3,900
高松―徳島	1 時間	2,840	1 時間 25 分	2,300
徳島―高知	2 時間 30 分	5,830	2 時間 50 分	4,000

出所）ＪＲ四国、伊予鉄道、徳島バス、とさでん交通の各社ホームページをもとに筆者作成
注）ＪＲは特急自由席片道料金と時間

力を持たない。松山―高松、高松―徳島、徳島―高知間は所要時間と料金の兼ね合いで、かろうじて勝負になっている。また本四連絡橋明石―鳴門ルートの開通により、徳島はもとより、高松からの関西方面への長距離移動もバスにかなり乗客を奪われていると思われる。

上岡直見氏の『JR に未来はあるか』（2017，緑風出版）の７ページに、「現時点の JR ネットワークと将来予想」という図が掲載されている。この中の「2030 年予想」という図は、「現在の JR 各社の経営方針のまま推移すれば 2030 年頃に JR の路線ネットワークがどうなるかを推定したもの」とされる。この JR 路線図をみると、四国にはかろうじて瀬戸大橋線だけが残ることになっている。とはいえ、さすがにこれから 10 年余りで四国から JR がなくなりはしないだろう。しかし、厳しい経営環境にあるのはまちがいない。では、なぜそのような状況で四国新幹線なのであろうか。

3　新幹線誘致への温度差

前出の四国新幹線整備促進期成会が結成されたことでわかるように、近年になって四国では新幹線実現を要望する声が聞かれるようになっている。首都圏在住の人々の目からみれば、財政悪化が深刻化し、消費税増税が迫る中、人口が 360 万人あまりしかいない地域に何兆円もかけて新幹線を敷くというのは、

ありえない話に思えるであろう。地元の論理は異なる。2016年3月に北海道新幹線が開業したため、主要4島の中で四国のみが新幹線が走らない地域となっている。このままでは、四国だけが取り残されていく。だから四国にも新幹線を、という道筋になる。また、整備新幹線5線の完工が見通せる状況になってきて、次は基本計画路線の着工へ、という期待感が高まってきたということもあるようだ。

四国がますます寂れていくという危機感と次は四国の番だという期待感が、四国の行政や経済界を動かして、新幹線誘致運動が始まっている。最近、役所や駅構内で四国新幹線実現を求めるポスター類を目にするようになった。道後温泉のホテル経営者は「安価にできる単線でいいんだ」と述べ、新幹線の必要性を強調していた。高速運行する新幹線に、単線という発想があることを、この時初めて知った。

しかし、一般市民は新幹線誘致に懐疑的であり、冷めているようにみえる。財政状況、地元負担、人口規模などを考えれば、実現困難なことは多くの人が承知している。「あるにこしたことはないが……」程度の反応を示す人がふつうである。

行政・経済界においても、必ずしも思惑が一致しているわけではないようだ。徳島県では、四国内を走行する新幹線よりも、関西と鳴門を直接結ぶ鉄道路線への要望の方がずっと大きいという。

いずれにせよ、ルートすら未定で、これから調査し、設計、土地買収、建設と進めていくとすると、今、着工が決まったとしても完成するのは20年先、30年先である。その時、四国はもちろんのこと、日本全体がかなりの人口減少にみまわれているはずである。苦心して作った数字であることが透けて見える費用便益比1.03などという数値は、意味をなさなくなる。

4 それでも求められる公共事業

これから将来世代の重荷になるような過大な投資は慎むべきではなかろうか。現にある社会資本の更新すら、ままならなくなる時代がやってこようとしているのである。また現在でも、国の補助金がつくからと建てたはいいけれど、赤字経営を強いられている施設は山のようにある。香川県の高松市の東側にさぬき市という人口約4万6千人弱の市がある。平成の大合併で長尾町・津田町・大川町・寒川町・志度町の5町が新設合併して成立した市である。なんとも贅沢なことに、ツインパルながお・クアタラソさぬき津田・ゆ～とぴあみろく・春日温泉・カメリア温泉と5つの公営温浴施設がある。合併前に各町が競って建設したためである。採算性を無視して近隣との類似施設をつくり、その挙句に赤字経営である。そして、今後も維持管理費が発生し続ける（なお、ツインパルながお、クアタラソさぬき津田、ゆ～とぴあみろくは営業休止）。

まだ記憶に新しい2018年7月の西日本豪雨では、愛媛県の肱川が氾濫し、西予市と大洲市に甚大な被害がもたらされ、今なお復旧作業が続いている。この時、肱川上流にある野村ダムの放流が、西予市野村に水害を引き起こしたことが問題視されている。この肱川の支流に、山鳥坂ダムという総事業費約3,000億円といわれる大規模ダム建設計画が進行中なのである。

山鳥坂ダムは、本来はここで貯めた水を松山市などに送水管で送り、水道用水や工業用水として用いるという利水を第1の目的とした多目的ダムであった。しかし、水質悪化や漁業への悪影響を懸念する肱川下流域の住民や漁民の強い反対で、計画は全く進まなかった。2000年8月には、当時の与党3党による公共事業見直しの中で、山鳥坂ダムも中止勧告を受けるに至ったのである。これを強い働きかけによって事業継続へと導いたのが、加戸守行前知事である。加計学園問題で、「安倍首相に一点の曇りもない」と国会で証言していた人物である。

事業継続を受け、2001年5月、国土交通省から山鳥坂ダム・中予分水事業の見直し案が提示された。それは、中予（松山地方）への分水量が削減され、さらに中予の建設費負担を重くするという、流域市町村に配慮したものであった。松山市側は、この見直し案の受け入れ拒否を表明する。理由は、建設費負担の増加と分水量削減による給水原価の上昇が住民の理解を得られないということであった。これによって、山鳥坂ダム建設の最大の理由がなくなってしまった。ところが、目的を多目的から治水に変更して、ダム建設計画が継続されたのである。マニフェストにダム建設の凍結を掲げた民主党政権時にいったん停止されるも、自民党政権下で関連工事が着工されてしまっている。

ダム建設反対の住民運動団体は、従来から肱川の治水ならば、堤防の整備や河川の掘削の方が、ダムより安価に、高い効果を見込めると主張してきた。今回の野村ダムの放流による水害は、想定以上の雨量が降ればダムは洪水調節機能を失い、かえって水害被害を大きくさせることを証明してしまった。

公共事業は、多くの業者や関係者を潤すのであろう。一度始まると、止まらない。本来の目的がなくなってさえも。そして、効果が薄い事業に巨額の費用が注ぎ込まれる。しかし人口減少の時代を迎え、大規模ダム建設や新幹線整備に資金や資源を投じる余裕はないといえよう。

追　記

2023年4月の徳島県知事選挙で当選した後藤田正純知事が、同年6月に四国新幹線の岡山ルートによる実現に同意した。それまでは、香川・愛媛・高知の3県が岡山ルート実現を掲げていたのに対し、徳島県のみ淡路島ルートを主張していた。後藤田知事の言明により、四国4県が共同歩調をとれることになり、地元の行政や経済界では新幹線誘致への機運が盛り上がることになった。

一般の県民は、経済界ほどではないようである。筆者が実施した2019年の松山市民対象の調査では、「四国新幹線が必要だと思いますか」という質問に対して、「必要」「どちらかといえば必要」があわせて43.3%、「不要」「どちらかといえば不要」はあわせて34.2%であった。

2024年実施の今治市民対象の調査では、同じ質問に対して、「必要」「どちらかといえば必要」があわせて36.1%、「不要」「どちらかといえば不要」は41.8%と、「不要」という人の方が多かった。

同じく2024年実施の宇和島市民対象の調査では、「必要」「どちらかといえば必要」が46.7%、「不要」「どちらかといえば不要」が35.0%であった。宇和島市では、「輸送密度1,000人未満の危機的な経営状況にある路線」であるJR予土線を「維持すべきと思いますか」という質問も行った。新幹線と選択肢の尺度が異なりはするけれども、「おおいにそう思う」22.2%、「そう思う」

37.3%、「ややそう思う」24.4%で、あわせると83.9%の人が維持すべきとしている。宇和島市では、新幹線開設よりも予土線存続の方が重要のようである。

ただし3市とも、20代、30代の若い層で、新幹線を「必要」とする比率が高くなる傾向がみられた。

付　記

本章は、「四国新幹線は本当に必要なのか——将来世代に過大な重荷の投資は慎むべき」『現代の理論』デジタル版17号（2018年）を加筆修正のうえ転載した。

第 9 章

国体は誰のためにあるのか

1　国体の抱える問題点

愛媛国体開催が近づいてきた2015年か2016年に上京した際、大学時代の友人と、彼が行きつけの飲食店に行った。その場で、東京国体はどんな様子だったのか尋ねてみた。すると、そこに居合わせた店の人、客すべてが、「東京で国体なんて、いつあったんだ」という反応であった。東京国体は2013年開催で、当時からすると比較的近年のことであった。とはいっても、毎年のように各種競技の最高水準の国際大会の試合が行われたり、様々なプロスポーツが日夜開催されたりしている東京にあって、国体は人々の興味関心をまったく引かない存在であったのだろう。

しかし、この事情は東京に限らないといえよう。「国民体育大会」(2024年からは国民スポーツ大会と名称変更。略称は国スポ)と銘打っていても、開催県の人々を除けば、それがどこでどのように行われているのか知らない国民が大半ではないだろうか。全国紙をみても、国体の記事などほとんどなきに等しい。正式競技ではない高校野球(特別競技)の結果が、もうしわけ程度に載るぐらいである。

だが、これが地方の開催県のマスコミとなると、まったく異なる様相をみせる。2017年の第72回国体は愛媛県で開催された。開会前から愛媛の地方紙、テレビ・ラジオのローカル局は、国体関連報道に血道をあげた。競技は9月30

日から11日間行われた。同時期、9月28日に衆議院が解散され、10月10日の衆院選告示に向けて政界が激動する最中、国体が開幕すると地方紙の『愛媛新聞』は連日一面トップで「愛媛県選手団の活躍」を報道していた。それが地方紙だと言ってしまえば、それまでなのだが。

この国体に関しては、すでに何十年も前から、その問題点が指摘され続けてきた。いくつか挙げてみよう。第一に、各県持ち回り開催という方式によって、開催県に重い財政負担が生じること。例えば今回の愛媛国体では、既存プールの深さが日本体育協会の求める規格に数10センチ足りないということで、8億5千万円かけて仮設プールを設置していた。国体翼賛会と化した県内マスコミは、恒久施設を建設するよりも費用が削減できたと、仮設プールを好意的に評価していたので、あいた口がふさがらなかった。開催地がある程度固定化されているか、広域開催にしていれば、このような無駄な費用はそもそも発生しない。愛媛県のマスコミに、国体の在り方そのものを問おうという視点は皆無である。

第二に、無意味な都道府県対抗方式の天皇杯（男女総合優勝）争いにも、以前から廃止を主張する声があった。ふつうに競技を行えば、人口が多く、競技施設が整備され、一線級の指導者が集結している東京都が、毎年天皇杯を獲得して当然であろう。しかし、よく知られているように1964年の新潟国体で開催県が天皇杯を獲得して以降、開催県の天皇杯獲得が至上命題のようになり、特別な例外を除いて実際に開催県が天皇杯を得てきた。開催を予定している県は、県外から有力選手を移入して強化を図った。そのため開催県を渡り歩く、いわゆる「ジプシー選手」が生まれた。

また大会中は露骨な地元びいき判定があるとも聞いた。愛媛国体では、剣道成年男女、少年男女を愛媛県が制した。なぜこのようなことが可能だったのか、と体育関係者に聞いたところ、陸上競技や競泳と違って勝負に明確な基準がない剣道は、毎年、開催県が優勝しているのだという。ボクシング成年で愛媛県代表は2階級で優勝したけれども、あるボクシング関係者は「立っていれば勝ちだから」と言っていた。つまり、ＫＯされずに判定に持ち込めれば勝てるという意味である。こういうことが関係者の口から出るということは、国体とはそういうものだという意識が浸透しているということなのであろう。

第三に、各種の競技の頂点に立つような選手が必ずしも出場するわけではないということ。国体が国民の関心を呼ばず、マスコミが国体にニュースとしての価値を認めない最大の理由は、これであろう。一流選手は、国際大会や各競技別に行われる日本選手権での好成績を狙う。最高水準の選手が参加しない国体というのは、いったいなんのためにやっているのであろうか。大金かけて開催するわりには、存在価値が希薄なのである。

こうした国体に、かつては廃止論や改革論も出されていた。しかし、今ではあまりにも国民が国体への関心を失ってしまったがゆえに、そうした議論すら聞かれない。「桜を見る会」の問題にしろ、自民党議員の政治資金問題にしろ、批判論が噴出するのは国民の注目度が高いことの裏返しでもある。国体は批判の対象にもならなくなっている。

2　四国における国体

1988年の京都国体から、国体開催は2巡目に入った。実は、この2巡目に入ってから四国で行われた国体は、国体の新しい姿を提示するものであった。一つは、1993年に行われた東四国国体である。これは、国体創設まもない頃の第7回東北三県国体、次の第8回四国国体で絶えていた共同開催を行ったものである。共催ゆえのもめごともあったという。最終的には、開会式を徳島県に、天皇杯は香川県に、ということで決着が図られたという話である。人口減少時代に入り、財政負担を軽減する意味でも、国体を継続するならば小規模県はこのような共催という方策を講じなければならなくなるだろう。そのモデルを示したと言える。

そして、より意義深かったのは2002年の高知国体である。当時の橋本大二郎知事の下、あえて天皇杯獲得を目標にせず、身の丈にあった簡素で効率的な国体が目指された。橋本知事は、県外から有力選手を獲得するのに使う費用を「無駄金」と切って捨て、あえてそのようなことを行わなかった。このため、高知国体は開催県が天皇杯を獲得しなかった「例外」の年となった。そのことによって国体のあるべき姿の一つを示したと言える。だが、これに続く県は現れなかった。翌年の静岡国体では元に戻ってしまった。

このように四国は、広域開催、開催費用削減といった新しい国体の方向性を示してみせたのである。唯一愛媛県のみ、批判されつくしてきた従来型の国体を、唯々諾々と開催したのである。2002年の国体では、東四国国体に続き、高知県と共同開催で西四国国体という案も浮上していた。これを蹴ったのは、愛媛県である。県は単独開催にこだわり、さらに天皇杯獲得にもこだわり、県外から有力選手を移入するためのスポーツ専門員制度を今回の国体のために導入した。

それでは、四国4県の競技力はどの程度のものなのだろう。まず、4県の人口規模を都道府県別順位でみると、愛媛県28位、香川県39位、徳島県44位、高知県45位である。仮に運動能力に長けた人たちが日本中に同じ比率で出現するのならば、天皇杯順位もほぼ人口規模の順位に近いところに落ち着くであろう。国体開催にあわせた選手強化の効果がかなり薄れると思われる高知国体から4年後の2006年から、愛媛県が地元開催を控えて本格的に選手強化に乗り出す前の2012年までの7年間の天皇杯順位をみると、徳島県・高知県はすべて40位台で、しかも最下位争いの常連である。高知県は7年間で4回、徳島県は2回、最下位となっている。これは人口規模からして仕方ないことである。香川県はこの間、10位台から20位台を維持している。逆に愛媛県は25位が1回あっただけで、他は30位台に沈み、一度は42位にまで落ち込んだことがある。人口規模以上の好成績を収めていたのが香川県で、それ以下の成績しか挙げられなかったのが愛媛県なのである。

このような愛媛県が天皇杯をむりやり獲りにいこうとしたならば、様々な手立てを講じねばならない。前述のスポーツ専門員を含め、県内企業や団体、自治体が受け入れた有力選手は260人以上にのぼるとされている。『愛媛新聞』は「地元のジュニア選手にとって専門員は、一流の技や競技姿勢などを直接学べる貴重な存在だったのも事実だ」(2017年10月13日付)と、あくまで県の施策を擁護してみせている。

3 国体離れの愛媛県民

さて、それでは愛媛県民は実際のところ、国体をどう受け止めていたのであろうか。私は、2017年9月21日から10月2日までの期間で、宇和島市において郵送による市民意識調査を行った。選挙人名簿から無作為抽出した1,450名に対して調査票を発送し、639名からの回答を得た（回収率44.1%）。この調査票の中に国体に関する質問項目を含めていた。宇和島市は、愛媛県の南西部に位置する都市である。城下町起源の都市で、愛媛県西部一帯の、商業・サービス業の中心である。また主たる産業としては養殖水産業がある。しかし、人口は7万7,606人(2017年9月30日時点)で、人口減少傾向が著しい。愛媛国体では、サッカー女子、卓球、レスリング、軟式高校野球の会場となった。

調査期間は、国体の開催直前から開幕直後までの時期にあたっており、いわば県民の国体への関心が最も高まっていた時期だといっていい。にもかかわらず、「あなたは、愛媛県で開催される国民体育大会に関心がありますか」という質問に対し、「ある」と回答した人は21.8%にすぎず、「どちらかといえばある」まで含めても約6割にとどまった（**表9−1**）。

小規模都市で、選手や競技関係者と市民との距離が比較的近かった宇和島市でこの数値なので、都市化が進んでいる松山市などではもっと無関心な人の比率が高いことが、容易に予想できる。県内マスコミは馬鹿騒ぎを繰り広げていたけれども、県民はそれよりもずっと冷めていたように感じる。

また年代別にみると、国体に関心が「ある」「どちらかといえばある」と回答した人をあわせると、70代が72.3%、60代が62.8%であったのに対し、他の年代は50%台にとどまった。スポーツに縁遠いように感じられる高齢層の方が、むしろ関心を持っている人が多いという結果であった。これは、競技自体への関心というよりも、地元ではめったにない大きな行事ということでの関心だと考えられる。

図表は省略するけれども、「あなたは、愛媛県や県内各市町は国民体育大会に予算を費やすよりも、他にお金をかけるべきことがあったと思いますか」という質問に対しては、「どちらともいえない」が半数の49.8%を占めた。「国体

表9－1　国体への関心

	回答数	%
ある	139	21.8
どちらかといえばある	230	36.0
どちらかといえばない	159	24.9
ない	77	12.1
無回答	34	5.3
合計	639	100.0

出所）松山大学総合研究所『松山大学地域調査報告書 2017』pp.125-127

表9－2　県外からの選手集めと天皇杯獲得

	回答数	%
思う	27	4.2
やや思う	82	12.8
あまり思わない	248	38.8
思わない	277	43.3
無回答	5	0.8
合計	639	100.0

出所）表9－1に同じ

につかってよかった」は23.2％、「他にかけるべきことがあった」が26.6％で、賛否はほぼ同じであった。しかし、前述の仮設プール8億5千万円などということが広く知られれば、また違った数字になったと思われる。

天皇杯については、「あなたは、開催県が天皇杯を獲得することが当然になっている国民体育大会のあり方についてどう思いますか」という質問を行った。「よいと思う」7.8％、「どちらかといえばよいと思う」13.6％で、是認する人はあわせて2割強であった。「どちらともいえない」は35.5％で、「よいとは思わない」24.3％、「どちらかといえばよいとは思わない」17.7％と、開催県の天皇杯獲得に否定的な人は開催地でも4割を超えた。

さらに、「あなたは、県外から強化選手を呼び集めてまで、愛媛県に天皇杯を獲得してほしいと思いますか」という質問には、「思う」はわずか4.2％にすぎず、「やや思う」が12.8％だった。それに対して「思わない」43.3％、「あまり思わない」38.8％と、全体の約8割が県外から有力選手を移入してまで天皇杯を獲る必要はないと回答している（**表9─2**）。今や、天皇杯などという代物を欲しがっているのは、県知事と競技団体関係者ぐらいに限られるということを如実に示す数字である。天皇杯獲得競争は、もはや県民の希望から遊離したものになっているといえる。

愛媛県の中村時広知事は、こうした県民の民意を酌まず、また高知県の橋本知事のような見識を示すこともなく、天皇杯獲得の音頭をとって「無駄金」を費やしたのである。県知事にとっては、なにか露出する機会が増え、その上に天皇杯を獲得すれば、県民に強く訴えるよい機会になるのであろうが。「国体開催は地元の政治家にとっては、彼らの政治生命を保証してくれるまたとない行事であった」（権, 2006, p.215）との専門家の指摘もある。

4　天皇来県と過剰警備

愛媛国体で最も盛り上がったのは、競技とはまったく関係のない天皇の来県だったように感じる。天皇を見に行った、天皇を見たという話をよく聞いた。あれほど天皇に人気があるとは思いもよらなかった。その人たちによると、天皇を見るにあたっては細かい指示がなされるのだそうだ。日の丸の小旗は胸の前で振るようにだとか、カメラは肩より上に手をあげて撮影してはならないとか。

そして、天皇の移動にはあれほどまでの警備がなされるとは、これまでついぞ知らなかった。天皇の通過する道路沿いの建物に部屋を借りていた人の話では、事前に警察官がやってきて、天皇通過時には2階から天皇を見てはいけないとの通達がなされたそうだ。テロ対策上の配慮とはいえ、天皇を迎える側というのは神経を使うものである。天皇の滞在時には、全国各地から警備のために応援の警察官が投入され、松山市中心部は警官であふれかえっていた。あの費用も、国民の税金から支出されているのかと思うと、あまりにも馬鹿馬鹿しい。交通規制も、私にとっては迷惑な話であった。

5　愛媛国体の顛末

新潟国体から昨年の岩手国体まで、例外的に天皇杯を獲得できなかった県は、高知県と昨年の岩手県のみである。高知県はすでに述べた事情であえて獲ろうとせず、岩手県は震災復興もままならぬ中で国体に無駄金を使っている場合ではないという県民の意識があり、8位以内というのを目標に置いていたと聞いている。そして今年の愛媛県は、天皇杯得点で2位に終わって3例目となったのであった。そしてこれは、天皇杯を獲得しようとして獲得できなかった最初の事例となったのである。他の四国で行われた国体と並んで、愛媛国体は期せずして歴史に残る国体となったのであった。

前述のように、県民は天皇杯獲得になんのこだわりもないので、愛媛県が天皇杯を獲れなかったことに対する批判の声は聞かない。一方、伝え聞くところによると2018年の開催地である福井県は愛媛県を他山の石とし、ジプシー選手獲得にさらに力を入れ始めたため、そうした選手たちの相場が上がっているのだという。国体改革の道は遠し、である。

追　記

2018年福井国体は福井県が、2019年茨城国体は茨城県が、天皇杯・皇后杯を予定通り獲得した。2020年・2021年の国体は新型コロナウイルス蔓延のため中止となった。

2022年は栃木国体、2023年は鹿児島国体が開催された。2024年からは国民スポーツ大会と名称が変わり、まず佐賀県で開催された。この再開された3つの大会では、東京都が連続して天皇杯・皇后杯を獲得した。開催県が面子をかけて天皇杯獲得に力を入れるという動きがなくなってきたのであろうか。その上で、東京都がいつも獲得するのならば、ますます存在意義が疑われる天皇杯である。

付　記

本章は、「県民から遊離した愛媛国体――国体は誰のために、改革の道は遠し」『現代の理論』デジタル版第14号（2017年）を加筆修正のうえ転載した。

参考文献

権学俊, 2006,『国民体育大会の研究――ナショナリズムとスポーツ・イベント』青木書店

第 4 部

四国の文化社会学

第10章

漫画『ドカベン』に四国はどう表象されたか

人は、ある地域に対して固定的な印象を抱く場合がある。例えば、「美食の国フランス」「音楽の都ウィーン」「古都京都」というように。これらの像は、テレビや旅行情報誌などで反復して用いられることによって、世代を超えて受け継がれていく。それでは四国は、日本の中でどのような地域と思われているのであろうか。

こうした問いに対して、質問紙を用いた社会心理学的な研究が行われている。今栄国晴は大学生を対象に意味微分法を用いて、北海道・東北・関東・中部・近畿・中国・四国・九州のイメージを測定している[(1)]（今栄，1969）。意味微分法とは、ある事象に対して「美しい―汚い」「さびしい―にぎやかな」「古い―新しい」といった対になる形容語でつくられた尺度のどこに位置づくか、被験者に評定してもらう方法である。

このような客観的な手法では掬い取れない像もあると考えられる。冒頭の例でいえば、意味微分法で「古都」（＝古い）というイメージは判定できても、「美食」は零れ落ちてしまう。そこで大衆文化の中に期せずして表現されてしまう地域イメージを分析することによって、客観的な評定ではわからない地域像をあきらかにすることができるのではないかと考えた。

例えば、石ノ森章太郎のＳＦ漫画に『サイボーグ 009』という人気作品がある。『サイボーグ 009』は、世界各地で瀕死の状態になった人間をサイボーグ化して蘇らせ、再生した001から009までの9人のサイボーグ戦士が悪の組織・ブラック・ゴーストなどと闘うという物語である。金水敏は、「設定として面白いのは、一〇人[(2)]の国籍がばらばらであり、日本人読者の人種・国籍ステレオタイプがうまく利用されているという点である」（金水, 2014, pp.152〜153）と述べている。例を示せば、003のフランソワーズは元バレリーナの若いフランス人女性（もちろん美形）で、美と芸術の国＝フランスという、日本人がもつフランスに対するステレオタイプが反映させられている。006の張々湖は元中華の料理人（小太り・ドジョウひげ）でといったぐあいである。

ステレオタイプとは、上瀬由美子によれば「ある集団の人々に対し、多くの人が共通したイメージをもっていることがあります。このような、人々を分けるカテゴリーに結びつき、そのカテゴリーに含まれる人が共通してもっていると信じられている特徴のことを「ステレオタイプ（stereotype）」といっています」（上瀬, 2002, p.2）とされている。

少年漫画は対象とする読者の年齢層が低いので、受け入れやすいように意識的、無意識的にステレオタイプが活用される。『サイボーグ009』には、「人種・国籍ステレオタイプ」が使われているのだけれども、それでは日本の各地方に関するステレオタイプが描き出される漫画はないだろうか。考えてみると、ここに分析の素材となる格好の漫画がある。それは、1970〜80年代に人気を博した野球漫画『ドカベン』である。1節で『ドカベン』がいかなる漫画か、なぜ地域のイメージやステレオタイプを分析する素材として適しているかを示す。その上で、2節から4節にかけて『ドカベン』の中に現れた地域のステレオタイプの事例を具体的に挙げていくことにする。そして第5節で、四国が『ドカベン』の中でいかに表象されているか、またなにゆえそのような表象が生まれたのかを論じていくことにする。なお、通常、漫画の吹き出しの中の台詞には句読点がない。しかし、引用の際は、読みやすいように、こちらで適宜句読点を補っている。

1　野球漫画『ドカベン』
── ステレオタイプの発露

水島新司によって描かれた『ドカベン』は、1972年から81年まで『週刊少年チャンピオン』に連載され、その続編となる『大甲子園』が1983年から87年まで同誌に連載された[(3)]。漫画家のきたがわ翔は、「僕たち一九六〇年代生まれの世代が大いにハマったスポーツ漫画が存在します。アニメ化や実写映画化はもちろん、テレビゲーム化もされた野球漫画の金字塔、水島新司先生の『ドカベン』です」(きたがわ, 2021, p.14)と述べている。漫画評論家の米沢嘉博は、「おおよそ七四～八〇年頃、水島野球マンガは少年マンガ誌を席巻し、野球マンガブームを作り出していくことになるのだが、その中心にあったのは『ドカベン』だった」（米沢, 2002, p.142）と評している。このように、『ドカベン』は世に最も受け入れられた野球漫画だとの評価が定まっている。きたがわ翔が言うように、1960年代生まれの人は、いわゆる「明訓四天王」と表現される山田太郎・岩鬼正美・殿馬一人・里中智ほか、主要登場人物の顔がすぐに思い浮かぶ人が多いことであろう。

『ドカベン』は、当初、中学を舞台にした柔道漫画として出発した。その後、中学野球を経て高校野球漫画となる。本格的に人気を得るのは、高校野球を舞台としてからである。『ドカベン』本編では、四天王の1年生から3年春の選抜大会までが描かれる。『大甲子園』は、四天王3年の最後の夏が描き出される。また『大甲子園』は、『一球さん』（巨人学園）・『ダントツ』（光高校）・『男どアホウ甲子園』（南波高校）・『球道くん』（青田高校）という水島新司作の他の高校野球漫画の主人公たちとそのチームが全国選手権大会で、一堂に会して対戦するという趣向にもなっている。

『ドカベン』は、主人公の山田太郎が進学したタレント集団の明訓高校に対して、それぞれの特徴を備えた個性ゆたかなチームが挑み、様々な試合が繰り広げられる。**表10－1**に示したとおり、関東大会・全国大会となると、全国各地のチームと神奈川県代表の明訓高校が対戦するようになる。その中で、県外チームの個性に、地域の個性が重ね合わせられて描かれる事例が現れる。そこ

表 10 − 1　明訓高校の神奈川県外の高校との対戦成績

大会		対戦相手	都道府県	勝敗	対戦成績	備考
全国選手権	1 回戦	通天閣	大阪	○	3 − 1	延長 10 回
	2 回戦	梅が丘	広島	○	1 − 0	
	準決勝	土佐丸	高知	○	5 − 4	延長 10 回
	決勝	いわき東	福島	○	2 − 1	
秋季 関東大会	1 回戦	甲府学院	山梨	○	3 − 2	
	準決勝	クリーン ハイスクール	千葉	○	6 − 5	延長 13 回
	決勝	赤城山	群馬	○	2 − 1	
選抜大会	1 回戦	桜島大商	鹿児島	○	3 − 0	
	2 回戦	鳥取大砂丘学院	鳥取	○	7 − 5	
	準々決勝	江川学院	栃木	○	2 − 1	延長 12 回
	準決勝	信濃川	新潟	○	3 − 2	
	決勝	土佐丸	高知	○	6 − 5	延長 12 回
全国選手権	1 回戦	ＢＴ学園	東東京	○	6 − 5	
	2 回戦	弁慶	岩手	●	2 − 3	
秋季 関東大会	1 回戦	中山畜産	千葉	○	4 − 3	
	2 回戦	大熊谷工業	埼玉	○	10 − 0	4 回コールド
	準決勝	日光学園	栃木	○	11 − 0	1 回コールド
	決勝	下尾	埼玉	○	6 − 2	
選抜大会	1 回戦	通天閣	大阪	○	2 − 0	
	2 回戦	花巻	岩手	○	3 − 1	
	準々決勝	土佐丸	高知	○	1 − 0	
	準決勝	石垣島	沖縄	○	1 − 0	
	決勝	北海大三	北海道	○	4 − 3	
全国選手権	1 回戦	室戸学習塾	高知	○	4 − 2	
	2 回戦	りんご園農業	青森	○	9 − 5	
	3 回戦	巨人学園	東東京	○	1 − 0	
	準々決勝	光	西東京	○	4 − 1	
	準決勝	青田	千葉	△	4 − 4	延長 18 回引分
		青田	千葉	○	2 − 1	再試合
	決勝	紫義塾	京都	○	4 − 3	

出所）水島新司『ドカベン』『大甲子園』をもとに筆者作成

表10－2　明訓高校の地域別対戦数

	都道府県数	校数	試合数
北海道	1	1	1
東北	3	4	4
関東	5	9	10
東京	1	3	3
東海	0	0	0
北信越	1	1	1
近畿	2	2	3
中国	2	2	2
四国	1	2	4
九州	2	2	2

出所）水島新司『ドカベン』『大甲子園』をもとに筆者作成

に、地域に関するステレオタイプが浮かび上がるのである。『ドカベン』のように人々に広く受容された漫画は、地域の表象を分析する素材として最適といえるだろう。

ただし、『ドカベン』『大甲子園』の連載時期は既述のとおり1970〜80年代である。半世紀近く前の作品で、素材として古いという考えもあるかもしれない。しかし、変化しにくいという特性がステレオタイプのステレオタイプたるゆえんであり、分析の対象として問題はないと考える。

2　ブロック別に見た対戦相手

明訓高校は神奈川県にあるという設定である。『ドカベン』で描かれる試合は、神奈川県大会、関東大会、全国大会の3つである。そこで、明訓高校の神奈川県外の対戦校を高校野球の地区大会の区割りにしたがって分類してみたのが、**表10−2**である。

秋季関東大会があるため、登場する高校の数は9校、描かれる試合の数は10試合（再試合の1試合を含む）と最も多いのが、関東地方である。しかし、地域性を強調した描写がある高校は、ほとんどない。校名をみても、クリーンハイスクールというまったく地域性のない校名のほか、甲府・熊谷・日光・下尾

（上尾[4]）というごく普通の地名を冠した高校である。中山畜産（千葉）の中山は、中山競馬場からの借用であろうか。江川学院だけは人名からとられていて、甲子園の元祖「怪物」江川卓（作新学院［栃木］—法政大学—読売）の「江川」である。また、試合の中でも、これらの高校に何か地域を象徴するものがかぶせられることはない。ふつうに試合の描写が進められている。

なぜ関東地方の高校には、地域性をともなう象徴やイメージが表現されないのであろうか。これは、関東各県の印象が薄いということと関係があると思われる。祖父江孝男の『県民性』（1971年、中公新書）は、県民性を論じる際に必ず引き合いに出される名著である。しかし、副題に「文化人類学的考察」とついてはいるけれども、各県民の社会的性格について、それほど科学的・統計的な分析がなされた内容ではない。むしろ、各都道府県の事情に通じた知識人の印象批評といった面が強く、それでかえって各県のステレオタイプが示されているといえる著作である。その祖父江孝男『県民性』をみると、「栃木へ眼を移せば、これまたなんとなく特色がなくてくすんでいる点では、茨城に勝るとも劣らない」（祖父江，1971, pp.102〜103）と評され、「埼玉となると、どうも掴みどころがない」（前掲書，p.115）であり、千葉県は「小藩であったため、それぞれの地域に強烈な伝統が育たず、したがって県民性といわれ得るごとき特色が育たなかったという点は、埼玉の場合と類似している」（前掲書, p.117）となる。栃木、埼玉、千葉、いずれも特色が薄い県とされているのである。

そうした中で唯一、地域性が刻印されている高校が、群馬県の赤城山高校である。高校名には新国劇の名台詞で有名な「赤城山」、エースで４番の選手は「国定忠治」である。印象が薄い関東各県の中で、群馬県だけは明瞭な印象がもたれている。祖父江によれば、「茨城、栃木と、いささか特徴のはっきりしない県がつづいたが、すぐその隣にありながら、上州すなわち群馬になると、こんどはだいぶ趣がかわって、そのイメージはきわめて強烈だ。群馬に行ったことのない人でも、「上州名物、カカア天下にカラッ風」ということばだけならよく知っている」（前掲書，p.103）となり、「権力への反骨精神と、気前のよさとが組み合わさってできたもう一つの上州名物は、「やくざ」の存在だ」（前掲書，p.106）とされる。「上州やくざ」のステレオタイプが、赤城山高校の造型に取

表10－3　高校野球春夏全国大会の都道府県別戦績上位17県
（2022年選抜大会まで）

順位	都道府県	勝利	敗戦	勝率	勝率順位
1	大阪	389	227	.631	1
2	兵庫	315	245	.563	7
3	東京	312	263	.543	15
4	愛知	304	203	.600	4
5	和歌山	234	187	.556	9
6	広島	212	152	.582	6
7	神奈川	209	128	.620	2
8	京都	206	181	.532	16
9	高知	189	125	.602	3
10	愛媛	188	127	.597	5
11	福岡	154	170	.475	24
12	奈良	147	123	.544	13
13	静岡	143	153	.483	21
14	岐阜	142	114	.555	10
14	千葉	142	116	.550	11
16	徳島	139	109	.560	8
17	香川	130	130	.500	18

出所）http://highschoolsports.g1.xrea.com/kiroku25.html　より作成

り入れられているのである。

ちなみに明訓高校がある神奈川県の県民性は、祖父江孝男『県民性』のなかで「さて神奈川の県民性となると、これまた特徴がなくて捉えにくい」以下、4行で片付けられている（前掲書，p.119）。

関東以外の県に目を向けてみると、どうであろうか。現実の高校野球の都道府県別の成績をみてみると（**表10－3**）、勝率1位は大阪府で、2位が神奈川県である。高校野球界では、東の横浜・西のＰＬが東西の両横綱と目される時代が長く続いた。都道府県別でみても、この両府県がすばらしい成績を残している。『ドカベン』でも「神奈川県を制するものは全国を制す」という言葉で、山田太郎最初の夏の神奈川県予選が描かれ始める。勝率4位には、中京大中京・東邦・愛工大名電、享栄など、強豪校がひしめく愛知県が来る。6位に広島商業・広陵といった強い伝統校が存在する広島県が入っている。

明訓高校が勝ち進んでいくと、愛知、広島、兵庫（勝率7位）、和歌山（勝率9位）といった高校野球強豪県の代表校と対戦するとなると、漫画に現実感が出る。しかし、必ずしもそうなっていない。愛知を含む東海地区の高校は1度の対戦もなく､広島は梅が丘が１度当たっているけれども､試合の描写は10ページ程度の幕間劇である。「梅が丘」という名前からして没個性的であるし、広島を象徴するものは何も描かれていない。梅が丘高校が、どの県の高校であってもかまわないような描かれ方をしている。なお、祖父江孝男は広島県について「同じ中国地方でも広島になると､ややイメージがぼけてくる」(前掲書, p.183)と書き記している。

高校野球において水準の高い東海地区や広島県が、なぜ『ドカベン』には登場してこないのか、あるいは重要な役割を担わなかったのか。たとえば、明訓高校が全国大会初出場を決めた直後のミーティングで場面では、徳川家康監督が「広島に高知に兵庫……。へえ〜優勝候補とおぼしき代表の決勝戦の時の新聞だ」と述べ、山田の祖父が集めた各県の新聞に目を通すように部員に指示している。ここでは、広島・高知・兵庫という高校野球強豪県の名が「優勝候補」として出てきている。逆に『大甲子園』に登場する青森代表・りんご園農業については、岩鬼が「おそるに足るかい、青森代表やで」と侮った言葉を口にし、同校を取材した記者が「勝利者インタビューしかせえへんとは、青森にしちゃ、えらい自信や」との感想を漏らしたりしている。これらの言葉は、青森が野球弱小県だということが前提になっている。作者の水島新司は、むろん野球通である。現実の高校野球で、どの県が強く、どの県が弱いか、よく知っていたのである。

にもかかわらず、愛知や広島の高校が『ドカベン』の中で活躍することがなかったのは、なぜなのだろうか。それは、この地域のイメージが明瞭ではないからだと考えられる。冒頭で紹介した今栄国晴の研究をみると､中部地方は「この地方は人々から特色のある強い印象をもたれない平凡な地方と言えよう」(今栄, 1969, p.284) とされている。また、中国地方は「中部と同じくすべてにおいて中程度で印象が平凡である」(同上) と述べられている。中部、中国ともに強いイメージをもたない地域と結論づけられている。明訓高校の対戦校にふさわしい特異な性格を付与しにくい地方であったといえる。

野球漫画のもう１つの代表作に梶原一騎原作・川崎のぼる画の『巨人の星』がある。主人公の星飛雄馬は、高校１年生の夏、東京の青雲高校のエースとして甲子園の土を踏み、準優勝に輝く。星飛雄馬は、この後、暴力事件に巻き込まれ、高校を中退するので、甲子園出場はこの１度だけである。この大会で試合経過が描かれるのは３試合である。１回戦の尾張高校戦、準決勝の左門豊作擁する熊本農林戦、そして決勝戦の花形進率いる紅洋高校（神奈川代表）戦である。１回戦の中京代表・尾張高校は前年度優勝校ということで、『巨人の星』は現実の高校野球強豪県を反映させた設定になっている。現実感が湧く描き方である。

ちなみに、プロ入りしてからも好敵手となる左門豊作が熊本の高校なのは、連載当時の読売監督・川上哲治と同郷という設定のためである。左門は、甲子園へ出発する前に「阿蘇山よ、活火山としてのスケールの雄大さでは世界一といわれる、燃えさかり、いかりくるう火の山よ！」「いまこそわしも大噴火するたい！ 天下の甲子園で」と吠える。このように熊本を象徴するものが全く現れないわけではない。しかし、左門に付与されるのは、圧倒的に農村地帯一般のイメージである。貧困、重労働と労働力としての子ども、子だくさん、家族（兄弟）の結束、農民たちの教育への無理解等々。高度経済成長から取り残され、因習に縛られた遅れた農村地帯が、左門の故郷である。また、「宿命のライバル」花形進が均整のとれた体つきで、整った風貌に描かれ、髪型も長髪で、いかにも都会的であるのに対し、左門はずんぐりした体形で、丸い顔に小さな目で眼鏡をかけ、髪の毛は丸刈りに造型されている。いかにも野暮ったく、田舎風の印象を与える描写となっている。野球は、左門が貧困と農村から脱出するための手段である。

話を『ドカベン』に戻したい。『ドカベン』で明訓が現実の野球強豪県と必ずしも対戦するわけではないのは、現実感よりもチームの造型、話の展開の面白さを優先させて追求したためだと思われる。その結果、チームに個性を出しやすい、明瞭な地域イメージやステレオタイプをもった県の代表校が対戦相手として選ばれがちになったといえよう。あるいは逆に、地域の個性が強く認知されている県に対戦相手が割り振られたと考えられるのである。その代わりに、現実の都道府県の高校野球勢力図とはかなり異なった全国大会の展開になってしまったと言えるのではないだろうか。では、関東・中部・中国と異なって、個性的な地域とはどこなのであろうか。また、その個性はチームの造型にどう取り入れられているのであろうか。次にみていきたい。

3 東北と近畿
── 明瞭なイメージをもつ地域

『ドカベン』では、東北地方の高校の登場回数が4校と多い。単に多いだけではなく、明訓高校最初の夏の甲子園決勝の相手は、福島県のいわき東であり、明訓高校唯一の敗戦は岩手県の弁慶高校によってなされたものである。東北の高校は、きわめて重要な役割を演じているのである。他にもりんご園農業戦は、序盤に5点差をつけられて大苦戦する。花巻高校は明訓の大平監督の実子・太平洋がエースで4番を務める。試合は、9回表まで花巻高がリードし、9回裏に山田太郎の逆転サヨナラスリーランホームランで決着がつくという際どいものであった。花巻高は、春夏連続出場を果たし、明訓と対戦することはなかったものの、夏はベスト4に駒を進めている。

21世紀になってから、高校野球の都道府県間の実力の地域差が縮小してきている。東北地方の高校でも、八戸学院光星（青森)、花巻東（岩手)、東北（宮城)、仙台育英（宮城）と、甲子園で常時活躍する強豪校が存在するようになった。旋風を巻き起こした金足農業（秋田）の2018年夏準優勝も記憶に新しい。そして2022年夏の選手権大会では、仙台育英が東北勢として初めての甲子園大会制覇を成し遂げている。球界を代表する選手も、東北地方の高校から続々と誕生している。しかし、『ドカベン』連載時の1970年代は、気候の問題もあり、東北は高校野球の弱い地域であった。そのため、『ドカベン』世界と現実との隔たりを感じた人もいたのではないだろうか。では、なにゆえ『ドカベン』において、東北地方の高校が明訓を苦しめる強豪校として描かれたのであろうか。

前出の今栄国晴の意味微分法調査によれば、東北地方は東京を含む関東地方と対極的なイメージをもたれているという。すなわち、東北は「最も後進的、非都会的、非合理的であるという印象が人々に強いことを示す」（今栄, 1969, p.284）というのである。つまり、東北はイメージのはっきりとした地域であり、しかも東京・神奈川のような都会と対極的なイメージの地域なのである。ゆえに、個性的なチームを造型するのに適した地方だったと考えられるのである。

いわき東のエース緒方勉は、夏の全国大会直前に神奈川県へ「出かせぎのおとうが倒れたで、リリーフに来たべや[5]」と山田兄妹の前に現れる。そこで、「出かせぎくん」なる仇名をつけられる。1970年代には、まだまだ東北といえば「貧困」「出かせぎ」というイメージが残っており、それが反映されている。1971年刊行の祖父江孝男『県民性』にも、「それは最近、マスコミでもさかんにとりあげられている出稼ぎの問題だ。いわゆる離村という現象は全国的に起こっているが、西日本ではむしろ、いわゆる挙家離村の型が多い。これに対して離家離村（出稼ぎ）の形をとるのは、圧倒的に東北に多く、ことに山形と秋田とがトップを切り、ついで青森、岩手、福島がつづいているといわれる」（祖父江, 1971, p.98）との記述が現れるぐらいである。

さらに、いわき東ナインの背後に、いわきの経済を支えてきた炭鉱の廃鉱が差し迫って来ていることが示される。緒方は、母親から「えっ、やっぱり廃鉱ときまったの」「和田さんも、佐久間さんも、ほとんどの人が甲子園大会が終わったら引っ越すそうですよ」と聞き、野球部の仲間と「おれたちが野球できるくらいまで大きくしてくれたのは、この炭鉱だ」「いわき魂を甲子園大会で見せてやろうぜ」「そして離れ離れになっても一生忘れられない思い出をつくろう」と励まし合う。是が非でも甲子園で勝たなければならない社会的背景が語られるのである。社会変動の影響が描かれるのは、『ドカベン』の中で唯一といってもいい。

また、いわき東は、明訓や通天閣その他と異なり、校名からして公立高校を連想させ、フォークボールを投げる緒方のワンマンチームである。他の選手は、普通の高校生である。有望選手をかき集めて構成された私立校と異なり、炭鉱の町に暮らす地域の高校生でつくられたチームである。その意味で、東北らしい素朴さを感じさせるチームとなっている。

そして、選手権大会の開会式直前には、「お、おい、緒方、来るぞ。来るぞ。いわきの市民がみんな協力してくれたんだって……。おれたち選手の家族が甲子園へ応援にこれるように資金カンパしてくれたんだって」と、地域の大人たちが地元の高校生を支援してくれたことが知らされる。東北人の相互扶助精神が描かれるのである。

一方、東北の「非合理的」というイメージを色濃く反映させて造型されたのが弁慶高校である。ナインは、ふだん山伏の装束を着用し、開会式の入場行進もその山伏姿であった。とりわけ4番打者の武蔵坊数馬は神秘的な超能力の持ち主として描かれる。武蔵坊は筋肉質の巨漢で、顔の右側には額から頬にかけて刀傷のような裂傷がある異形の相である。岩鬼の母は、岩鬼が2年生の県予選で優勝した直後、危篤状態に陥る。その母を助けたのが武蔵坊である。武蔵坊は、昏睡する岩鬼の母の身体の上で拳を握り、力をこめる。すると光が射し込み、母は意識を取り戻す。また、江川学院の投手・中(あたる)二美夫の肩をも治す。選手権大会1回戦の土佐丸高校戦では、犬飼武蔵が打った頭上をはるかに越すホームラン性の大飛球を、急失速させて捕球する。不可思議な力を、ここでも発揮するのである。

東北からはもう1校、りんご園農業高校という個性的な学校が登場する。前出の上瀬由美子『ステレオタイプの社会心理学』は、「私たちは、ある地域の人が共通してある特徴をもっていると漠然と信じているフシがあります。その地域（たとえば青森）に住んでいても、その特徴（たとえばりんご農家）に当てはまらない人もいるのですが、それは無視してイメージが形成されているのです」（上瀬，2002，p.2）と、青森県を例にステレオタイプの説明を始めている。まさに、この「青森＝りんご」の表象が横溢(おういつ)しているのが、りんご園農業である。校名からして、すでに「りんご園」である。高校では、りんごの品種改良、育種、収穫などをしている。

りんご園農業の応援歌は、「リンゴの唄」「リンゴ追分」「リンゴ村から」であり、応援団は自軍の集中打に「見たかアップル魂を」と叫ぶ。主砲の名前は、星王（スターキング）であり、その星王は「王鈴」「紅玉」「旭」「デリシャス」と、りんごの品種を使って里中の投げる球の球種を打者に伝える。里中が「なんてややこしい伝達の方法をするんだ」というのに対し、殿馬は「やっこさんらにとってはよ、なじみのことばづら」と返す。

りんご園農業の生徒は、「ふだんから働きながら野球や勉強をしとる」と、農作業をしながらの高校生活である。しかし、『巨人の星』の左門豊作が色濃くまとっていた「惨めな農村」のイメージは払拭されている。「りんご園農業高校が設立されてからは、その収穫量および品種改良はめざましく、生徒たちによる功績はたいへんなもの」であり、「リンゴの味を生かしたいろいろな加工品の開発」まで行われているとされる。『巨人の星』連載時（1966年～71年）から10年以上経過して1980年代になって、現代的で前向きな農業と農村の姿が表現されている。この1980年代前半は、地方から3大都市圏への人口流入が止まり、地方が安定していた時代である[(6)]。大分県の平松守彦知事が一村一品運動を提唱したのもこの頃であり、各地でまちづくり運動が盛んになっていった。りんご園農業高校による「いろいろな加工品の開発」には、このような時代背景があった。

一方、近畿地方のイメージは、今栄の研究によると「中部・中国と近畿が異なる点は、都会的という点と古さがあるという点である。このことは、近畿が大阪に代表される都会的先進的な面と、京都・奈良に代表される古代的な面を共有していることを示すものである」（今栄, 1969, p.284）とのことである。

こうしたことは『ドカベン』にもまた反映されており、イメージの明瞭な大阪府と京都府の高校が登場する。大阪府は通天閣高校、京都府は紫義塾が代表校として明訓高校と対戦する。

大阪が想起させるものといえば、なんといっても金銭欲、物欲の強い人間である。実際には、金銭欲、物欲の強い人間は、全国にほぼ一定の比率で存在するのではないかと思われる。その中で、なぜ「大阪人」＝「金銭に執着する人」「カネに汚い連中」というステレオタイプが形成されたのであろうか。井上章一によると、「一九六〇年代までは大阪で話が展開される、大阪制作のドラマも、よく放映された。しかもゴールデンタイムに全国へ流されている。人気をよんだのは、大阪商人の、いわゆるど根性をえがいたドラマである。どんな逆境をむかえても、歯をくいしばって、たちむかう。金銭へのあくなき執念に、つきうごかされる。そんな人物を登場させる商魂もの、根性ものが、大阪ではよくつくられた」（井上, 2018, p.233）ことによる影響が大きいとしている。

通天閣高校のエースで4番は、大阪の棋士である坂田三吉の名前が与えられ、この坂田が金銭に執着する人物として描かれる。まさに大阪人のステレオタイプを体現した人間となっている。坂田は、お鹿という祖母との2人で、長屋で貧乏暮らしをしている。お鹿は「がめつい」女性であり、坂田に対して「どこへ行くにも、何をするにも、野球、野球じゃ。そして野球で銭をかせいで、わしにもわけてもらわんと」という人物である。坂田自身、深紅の優勝旗のまわりの金紗を1本1万円で好事家に売ることを考える。

同じように経済的に恵まれない主人公の山田太郎や東北の緒方勉は、金銭欲が強い人間には描かれない。また弁慶高校は、岩手から歩いて甲子園入りする。その理由を問われて、エースの義経光は「金がないから歩いてきたまでのこと」と言う。記者に「寄付金などで、そんなことをせんでも」と返されると、「そんな金など必要ない」と切って捨てる。こうなると同じ貧困でも、こちらは清貧ということになる。宗教系の学校だからということと、いくばくかは貧しくても真っ当に生きる東北農民のイメージが投影されているのかもしれない。

一方、京都といえば、古都、寺社、伝統文化のまちということになろう。しかし、これは中高年層や女性が抱く京都像ということになる。少年漫画を読む年代の男子にとっての京都といえば、幕末に新選組が活動した地ということになる。修学旅行生向けの土産物店では、新選組を象ったみやげものが定番商品として売られている。

こうしたことを受けて紫義塾は、新選組(7)の表象によって造型されている。選手は、近藤勇二（近藤勇）、沖田総士（沖田総司）、藤堂兵助（藤堂平助）、永倉新一（永倉新八）、山南敬（山南敬助）、西藤一（斎藤一）、甲子太郎太（伊東甲子太郎）と新選組の局長や隊士の名前が当てられている。そして、「紫義塾」という校名なのに、野球帽につけられた標章は、なぜか「誠」である。紫義塾高校は、高校剣道10連覇の学校である。もはや剣道の大会に出る意味はないということで、もっと学校の人気をあげられる野球で日本一になろうと、剣道部が野球部に衣替えしたという荒唐無稽な設定である。投法、打法は剣術の応用という変則的なもので、話し言葉は時折時代劇調になる。

現実世界では、勝利数でも、勝率でも京都府を上回る兵庫県・和歌山県の高校は、『ドカベン』に登場することはなかった。その背景には、「京都・大阪と住民の性格が、昔からはっきりしたイメージにまとまっているところに比べて、兵庫となるとこんどは、だいぶん事情が異なり、なにが県民性かといってもどうもはっきりしない」(祖父江, 1971, p.176)というような事情もあったのであろう。

4　地理と気候

『ドカベン』では、対象となる主たる読者層が児童生徒ということで、細かい地理的知識がなくてもわかるように、よく知られている地理的な事項が校名につけられる。鳥取―大砂丘、新潟―信濃川、鹿児島―桜島、大阪―通天閣といったところである。逆に、これらの事項がそれぞれの府県の象徴だと、一般に受け取られているといってよいだろう。

山田太郎3年春の選抜は、気象条件に苦しめられる。準決勝の沖縄県・石垣島高校との試合は、春なのに異常な暑さに見舞われる。石垣島の選手にとってはいつもの気候である。明訓ナインは暑さに体力を奪われ、思ってもみない苦戦となった。石垣島高校のエースは、具志拳である。「具志拳（堅）」といえば、沖縄出身で『ドカベン』連載時にWBA世界ジュニアフライ級チャンピオンとしてタイトルを13回連続防衛した具志堅用高からの借用である。わざわざ「拳」としているところからも、それがうかがわれる。石垣島高校は練習に器械体操を取り入れているので、1984年ロサンゼルスオリンピック体操男子個人総合金メダルの具志堅幸司（大阪府出身）のイメージも加わっているのだろう。

また、山田にサヨナラホームランを打たれた具志拳は打ちひしがれながら、「う、うそだ。このやろうが一億円なんて、うそだ。おれたちは千円の金すら作るのに大変なんだ…。そ、それなのにこいつは……」と内言で語る。ここには、都道府県別でみた所得水準が最も低く、失業率も高い沖縄が暗に示されていってよいだろう。

翌日の決勝の相手は、北海道の北海大三高である。昨日とはうってかわって大寒波到来で、北海大三高にとっては「寒波と雪の中で鍛えてきたわしらには、これ以上のナイスコンディションはねえぜ」ということになり、あまりの寒さに体が動かない明訓は準決勝に続いて大苦戦となった。

『ドカベン』の最終盤、3年春の選抜大会準決勝、決勝で常勝明訓を苦しめたのは、対戦校の個性や作戦、あるいは超高校級選手の存在ではなく、気象条件という拍子抜けする話の展開であった。また、石垣島高校との準決勝は春先なのに猛烈な暑さで、翌日の北海大三高戦との決勝の日には異常寒波で4月なのに甲子園に雪が降る、というご都合主義であった。それにしても北海大三高は、前日の猛暑の準決勝をどうやって勝ち抜いたのであろうか。この安易さゆえに、気候的に対極の地域特性をもつ、北海道と沖縄の高校が登場することになった。

5 四国はどう表象されているか

四国＝高知

明訓高校の最強の対戦校といえば、衆目の一致するところ土佐丸高校であろう。神奈川県外の高校では、明訓高校と3度の対戦があるのは土佐丸高校のみである。実際、四国は高校野球が強い地域である。高知県が春夏の甲子園通算勝利数で9位・勝率3位、愛媛県が勝利数で10位・勝率5位、徳島県が勝利数で16位・勝率8位、香川県が勝利数で17位・勝率18位である。香川県は、1970年代に名門高松商業が夏の甲子園で「出ると負け」状態に陥り、21世紀に入ってからはその高松商業が2016年春選抜で準優勝するまで県全体として低迷期を経験したので、やや数字が悪い。他の3県は、勝率でみると10位以内に入っている。これは、近畿地区が大阪府・兵庫県・和歌山県と3県入っているのに並ぶ。近畿地区は6県で3校、四国は4県で3校だから、率にしたら最もよいともいえる。四国4県は人口的には小県ばかりにもかかわらず、高校野球の世界ですばらしい成績を残している。まさに高校野球王国である。

以上のようなことから、明訓高校の最強の敵が四国に置かれるのも当然のことと言えよう。しかし、『ドカベン』では必ずしも現実の高校野球の県別勢力図が反映されているわけではないということは、これまで述べてきたとおりである。それよりも地域の個性が際立っているところが登場しがちなのである。では、なぜ四国なのであろうか。

今栄の学生対象のイメージ調査によれば、四国は「温度も、九州に次いで暑いと考えられているようである。都会性に関しては相当田舎くさいと感じられており、最大の特徴は、非常に小さいと考えられている点である」（今栄，1969, p.284）とある。東北と並んで「相当田舎くさい」地域であることが、都会的な明訓高校との対比上、ふさわしい地域であったというのが1つあるだろう。

その「田舎くさい」四国の中で、いかなる理由から高知が選ばれたのであろうか。「田舎くさい」という点では、四国4県どこも引けを取らない。また、既述のとおり現実の高校野球の成績も4県とも良好である。そうしたことからいえば、明訓を脅かす強敵が、愛媛県にあっても、徳島県にあってもよかったはずである。しかし、これは高知県でなくてはならなかったのである。

今栄国晴の調査では、各地方を評定するに際して、各地方のどの部分を手がかりに評定したかを尋ねている。四国は「高知という反応が圧倒的に多い。四国とは多くの学生にとって南国土佐であり、他の3県はイメージにのぼらないのであろう」（前掲書，p.289）とある。また、同じ今栄によって、愛知教育大の学生274名を対象に、1968年3月に各地方の連想語を尋ねる調査が行われている。この調査でも同様の結果が出ており、「四国は、高知が圧倒的なことは、表4－3－6と同じで、次いで高松、徳島が入っている。四国とはすなわち高知であるといえるだろう」（前掲書，p.294）と結論づけられている[8]。

愛知教育大での調査では、他の地方は、北海道―札幌、東北―仙台、関東―東京、中部―名古屋、近畿―大阪、中国―広島、九州―福岡と、その地方で最も人口が多い中心都市が、最も多く連想されている。四国だけは、国の出先機関や圏域企業（電力やJR）の本社が集中している四国の中心都市・高松でもなければ、四国最大の人口規模の松山でもない。高知なのである。

なぜ四国といえば高知なのであろうか。祖父江孝男は、「高知というと長州と並んで、とかく話題の多いところ」（祖父江，1971, p.194）と述べる。高知は、「いごっそう」「はちきん」「坂本龍馬」「酒豪」「よさこい」「闘犬」と、明瞭なイメージを有することでは47都道府県の中でも有数だといえる。それゆえ、一般の人が「四国」と聞いたら「高知」を思い浮かべるのである。このため、明訓高校の好敵手は、高知の土佐丸高校でなければならなかったのである。

「野蛮で不気味」な四国

高知の土佐丸高校の中心選手は、犬飼小次郎・武蔵の兄弟である。そして代名詞は、「殺人野球」である。兄の犬飼小次郎は、均整のとれた体つきで整った顔立ちをしている。しかし、西部劇の悪役のようなもみあげをたくわえている。山田は初めて犬飼小次郎を見て「なんと妖気ただよう男なんだ」との感を抱く。小次郎は、土佐犬の嵐を連れ歩いている点でもふつうではない。土佐丸高校は、甲子園出場を決めた後に行方不明になったり、大会前の選手に土佐犬の牙と爪をかいくぐってすべり込みをするという通過儀礼を課したりする。開会式に向かう時に小次郎が発する言葉は、「よーし、出かけるぜ。血の海甲子園球場へ」である。小次郎にとって高校野球は、「命を賭けた血で血を洗う死闘」なのである。このあたりには、坂本龍馬ら土佐藩の勤王の志士のイメージが投影されているのかもしれない。投手としての小次郎は、「キャッチボール投法」という異様な投球動作で勝ち上がっていく。土佐丸はすべてにおいて、不可思議で、薄気味悪く、禍々しく、好戦的な異形のチームとして描かれる。

土佐丸は、夏の甲子園大会準決勝戦を明訓と戦う。その試合では、塁上の交錯プレーや本塁突入などで、守備の選手を傷つけるかのような乱暴な走塁をする。あるいは、打者のバットが守備の選手めがけて飛んだり、走塁中の対戦チームの選手の体めがけて送球が投じられたり、と危険な行為が続出する。大会役員は、「土佐丸高校はあぶないプレーがつづくのォ」「このままなにごともなく終わってくれたらいいのやが……」とこぼす。これが、土佐丸の「殺人野球」である。土佐犬の凶暴さが、土佐丸の「殺人野球」に重ね合わせられている。

小次郎が卒業してからは、弟の犬飼武蔵が土佐丸の中心選手になる。武蔵は、身長が高く、横幅もある巨漢選手として描かれる。大型選手の岩鬼よりも、さらに2まわりぐらい大きい。さらに異彩を放つのが、山田太郎2年の春選抜大会から登場する犬神了である。犬神は隻眼の小柄な左腕投手で、「ウイヒヒヒ」「キヒヨヒヨヒヨ」など、不気味な笑い声や奇声をあげながら試合をする。武蔵の救援にマウンドに立つと、テレビのアナウンサーは「なんと、しかし異様なムードのただよう少年でしょう」と語り、「この時、山田の耳に、犬神のその笑いは地獄の底からきこえてくる思いがした。その笑いは、山田がはじめて感じる背すじも凍るような戦慄であった」と、山田太郎を怯ませせる。そして、犬神が投球すると左腕が伸び縮みするという奇怪な現象が生じ、山田を幻惑させる。山田との３度目の対決では、故意に死球を投じる。しかも、当たった時はさして痛くなくても、次第に痛みが強くなるという魔球で、自称「死神ボール」である。

この犬神了の性格づけには、四国が犬神憑き現象の発生地であることが反映させられている。不気味さ、恐怖の源となっている要素でもある。石塚尊俊は、憑き物について「家筋というものを真剣に考え、（中略）そういう家とは絶対に縁組をしないといっている所がある」とし、「そのもっとも甚だしいのは島根・高知・大分県の一部である」（石塚, 1972, p.11）と指摘している。憑き物の中でも犬神に関しては、「概して東日本はクダ・オサキ・イヅナの地盤であり、また西日本でも、山陰はトウビョウ狐や人狐、西日本はヤコ、瀬戸内はヘビのトウビョウの繁栄地であるから、犬神としてはやはり四国をもって本拠とすべきであろう」（前掲書, p.58）と、犬神を四国のものとしている。

四国の犬神が重要な役割を果たす作品を思い浮かべてみると、他にもある。医学ミステリー漫画の名作とされる手塚治虫の『きりひと讃歌』である。『きりひと讃歌』は、奇病・モンモウ病の謎をめぐって話が展開していく。その奇病が多発している地域が「徳島県犬神沢村」である。主人公の小山内桐人は、恋人にモンモウ病を以下のように説明する。「四国のある地方には犬神の伝説とか阿波ダヌキの伝説とかがあるだろう？ その伝説のもとになっているといわれるのが、あの奇病なんだ。ある地方の山あいの村だけに起こる病気でね。突然からだのあちこちが麻痺して骨の形がかわってくる……。顔はとがり、背骨はまがり、手足の骨は委縮して、立って歩けなくなる！ ひとめ見ると…、それは……、人間というより……、犬かタヌキのようなあわれな姿になってしまうんだ……」というものである。

『きりひと讃歌』の序盤、「袋小路」の章から「陥没」の章までは、四国の山奥の閉鎖的な村が、不気味な雰囲気で描写される。小山内は、この犬神沢村へM大医学部付属病院からモンモウ病の資料集めに派遣される。村での１日目の夜に、小山内が借りた家へ村の若い女がやってきて、いきなり服を脱いで裸になる。小山内は「そうか……ある地方じゃ、客に生娘をご馳走がわりにさし出すと聞いていたが」と得心する。古い土俗的な風習が残っている村なのだ。そして小山内は、村人から監視を受け、村の外に出ようとすると殺されかける。ついには、自身がモンモウ病に罹患してしまうのである。

小説では高知県出身の坂東眞砂子が、高知県を舞台にその名も『死国』『狗神』といった恐怖小説を著している。1993年発表の『死国』は「矢狗村」で話が展開していく。その中に現れる架空の研究書『四国の古代文化』の叙述として、「死者の住む国とは、平明にいえば黄泉の国である。この黄泉の国は、黄泉津大神の治める黄泉津国である。ヨモツクニは、四方つ国。この言葉の最初の文字と最後の文字を取ると、四国となる。これらのことから、見えてくるものは自明である。つまり四国は古来、死者の国、死霊の住まう島であったのだ」(『死国』1996, 角川文庫, pp.60〜61) という見解が示される。

このように四国は、野蛮な地であり、不気味な地として表象されているのである。そして、こうした要素を活かして、犬神了や土佐丸高校が強く印象に残るような造型がなされたのである。

四国は１つ、あるいは識別不能な地域

「アジアは１つ」「九州は１つ」という言い方がある。それに対して、四国の行政関係者からしばしば発せられるのは、「四国は１つ１つ」という言葉である。これは、四国４県がまとまっておらず、一体となって何かを進めていこうという意識が薄いということを説明するときに口に出る文言である。祖父江孝男は、「四国人、四国男子といった言葉はないが、九州人、九州男子という言葉はよく使われる」(祖父江, 2012, p.258) と述べ、「四国はひとつの大きな島だが、あくまで四国である。四つの国 (県) がそれぞれ個性豊かにその存在を主張している。県同士のつながりはあまりなく、むしろバラバラに四国以外の他府県と結びついている」(『前掲書, p.232) と、やはり同じような認識を示している。しかし、この祖父江の認識は、日本の各地域を知悉しているインテリのものである。一般の人からすれば、やはり「四国は１つ」なのである。

一般には、四国が一体化されて認知され、４県を区別して認識できていない

ことを示す例が『ドカベン』中に存在する。土佐丸の犬飼小次郎の仇名は「鳴門の牙」である。謎の選手として初めて登場した場面では、背景に渦潮が描かれている。作者の水島新司本人はもとより、これをみた高学歴であるはずの編集者はおかしいとは思わなかったのであろうか。それとも、知っていてあえてそのような名称を与えたのであろうか。いうまでもなく、「鳴門」は徳島県にある地名である。高知県の超高校級選手の仇名としては、あきらかにおかしい。岩礁に打ちつける荒波を背景に「室戸の牙」とでもされた方が、高知県人にはしっくりくるはずである。もっとも、かく言う筆者も少年時代に読んだときには、特に違和感を覚えなかったので、やはり四国4県を一体のものとして捉えていたといえる。

また、3年生春の選抜大会で本塁打を放った犬飼武蔵は、「打った犬飼くんをごらんください。あの冷静な犬飼くんが、踊りながらのダイヤモンド一周です。あっ、あの踊りは地元四国の名物阿波踊りです。これはしかし、地元の観光協会が大よろこびしそうな心にくい宣伝であります」という挙に出る。『ドカベン』に関して詳細の分析を試みた豊福きこうは、さすがにおかしいと気づいていて、「なぜか徳島名物の阿波踊りを踊りながらダイヤモンドを回った犬飼武蔵」（豊福, 1999, p.64）と記している(9)。高知ならば「よさこい」である。ここでも四国が一緒くたにされている。

四国と言ったら、高知が想起されることを指摘した。その上で、四国は混然と一体化されて認知されており、島外の人たちにとっては4県を個別に認識するのが困難なのである。辺境の島なるがゆえの哀しさである。

6　四国は「野蛮で不気味な田舎」なのか

漫画『ドカベン』は、高校野球の世界を真に迫るように描こうとする作品ではない。強烈な個性をもった主人公たちの属するチームが、手ごわい相手チームとの苦戦、接戦を乗り越えて勝ち進んでいく姿を描くものである。であるから、対戦相手の中には高校野球チームとしてはありえないような荒唐無稽な設定のチームも登場する。あくまで、話の展開の面白さを優先させている。全国大会となると、対戦相手は日本各地に散らばることになる。その際、強いイメージや明瞭なステレオタイプをもっている地域が対戦チームの立地している都道府県として選ばれる傾向が強くなる。すなわち、東北、近畿、四国である。

この中で、強い「田舎」イメージをもっていることで共通しているのは、東北と四国である。しかし、同じ「田舎」でもチームの性格づけに使われる「田舎」要素は、東北と四国ではまったく異なっている。

東北の代表校には、相互扶助、清貧、団結、勤労、癒し、素朴と、総じて田舎のいいイメージが与えられている。非合理性、神秘性も、弁慶高校の武蔵坊数馬を通して肯定的に描かれる。

一方、田舎の負の側面を体現しているのが四国である。野蛮、凶暴、怪しげ、禍々しい、邪悪、こうしたものが四国の表象である。獰猛な土佐犬や不気味な犬神伝説は、こうしたイメージを表現するまたとない材料となって、チームや所属選手の造型に利用されている。

四国は、出版文化の中心地・東京と距離的に遠く、島であるため地理的に隔絶されていて、なじみの薄い未知の地域である。また四国は領域的に狭く、九州の福岡や北海道の札幌のように、誰もが知っている大都市を島内にもっているわけでもないので、ますます未知の領域と化す。四国がよく知られていない地域というのは、犬飼兄弟の事例からもあきらかである。4県が個別に明確に認知されていないのである。

未知なるものは不気味さを帯びる。断片的に伝わる四国の情報は、勤王の志士、土佐犬、犬神憑き、四国霊場八十八箇所と、荒々しく、怪しげなものである。こうしたことが、東北とは対極的な、野蛮で不気味な田舎＝四国という表象の形成につながったと思われる。

付　記

本章は、「四国はどう表象されているか――漫画『ドカベン』にみる地域ステレオタイプ」『松山大学論集』34巻5号（2022年）を加筆修正のうえ転載した。

注

(1)　調査の対象となったのは、京都薬科大学・山梨大学・金沢大学・山口大学・愛知教育大学の1･2年生で、合計471名。調査期間は1965年10月～12月。愛教大のみ1968年6月。

(2) サイボーグ戦士は9人。サイボーグ研究者のギルモア博士を入れて10人。
(3) その後、登場人物たちがプロ野球で活躍する姿を描くプロ野球編も描かれる。ここでは、高校野球を舞台にした作品のみを取り上げる。
(4) 『ドカベン』連載中の1970年代後半から1980年代前半にかけて、埼玉県では上尾高校が野本喜一郎監督の下、甲子園出場の常連校だった。「下尾」は、この「上尾」のもじりである。
(5) 緒方勉がステレオタイプ的な東北弁を話すのは、この出稼ぎ場面だけである。以降は、標準語を話す。緒方の母に至っては、かなり上品な標準語を操っている。理由はさだかではないけれども、明訓の前に立ちはだかる天才投手が田舎っぽい東北弁を話していては様にならないと、作者が考えを改めたのかもしれない。ちなみに高知の犬飼小次郎・武蔵兄弟も、「○○ばあ」「○○ちゅうが」「○○やき」というような土佐弁は使わず、標準語で話している。犬神了のみ、「○○だっちゃ」という語尾をもつ正体不明の言葉を話している。
(6) 例えば1980年に刊行された飯田経夫『「豊かさ」とは何か』（p.21）には、「東京人がとかく見落としがちな点だが、高度成長の大きな成果のひとつは、そうした地域格差をほとんど解消させてしまったことである」「いまや東京は、おそらく日本でももっとも住みにくい場所と化してしまった」という記述がみられる。
(7) 『大甲子園』の中では「新撰組」という表記になっている。
(8) 論文中には、高知147、高松42、徳島26、松山17、琴平5、無答11との数値が明記されている。
(9) 豊福きこう『ドカベン、打率7割5分の苦闘』には、「サヨナラ本塁打の犬飼武蔵はなぜ阿波踊りを踊ったのか？」という一考察が収録されている（pp.117〜120）。

参考文献

飯田経夫，1980，『「豊かさ」とは何か――現代社会の視点』講談社現代新書
石塚尊俊，1972，『日本の憑きもの――俗信は今も生きている』未来社
井上章一，2018，『大阪的――「おもろいおばはん」は、こうしてつくられた』幻冬舎新書
今栄国晴，1969，「地方イメージにおける近畿圏の特徴」京都大学近畿圏総合研究会編『近畿圏――その人文・社会科学的研究』鹿島研究所出版会
金水敏編，2007，『役割語研究の地平』くろしお出版
金水敏，2014，『コレモ日本語アルカ？――異人のことばが生まれるとき』岩波現代文庫
上瀬由美子，2002，『ステレオタイプの社会心理学――偏見の解消に向けて』サイエンス社
きたがわ翔，2021，『プロが語る胸アツ「神」漫画　1970-2020』集英社
祖父江孝男，1971，『県民性――文化人類学的考察』中公新書
祖父江孝男，2012，『県民性の人間学』ちくま文庫
豊福きこう，1999，『ドカベン、打率7割5分の苦闘――「超」甲子園完全データファイル』ネスコ
夏目房之介，1991，『消えた魔球――熱血スポーツ漫画はいかにして燃えつきたか』双葉社
吉田禎吾，1972，『日本の憑きもの――社会人類学的考察』中公新書
米沢嘉博，2002，『戦後野球マンガ史――手塚治虫のいない風景』平凡社新書

マンガ・小説

石ノ森章太郎『サイボーグ009』秋田書店

梶原一騎原作・川崎のぼる画『巨人の星』講談社
手塚治虫『きりひと讃歌』小学館
坂東眞砂子，1996，『死国』角川文庫
坂東眞砂子，1996，『狗神』角川文庫
水島新司『ドカベン』秋田書店
水島新司『大甲子園』秋田書店

第11章

なぜマスクをつけるのか
——地方大学生のマスク着用をめぐる意識

松山大学は、愛媛県松山市に存する私立大学である。経済学部・経営学部・人文学部・法学部・薬学部の5学部から成る。この中の人文学部社会学科では、1年生の時に大学での学習・研究の方法を学ぶとともにホームルーム機能をあわせもつ「基礎演習」という課目が設けられている。筆者の基礎演習では、社会調査に慣れてもらうために、量的社会調査に関する初歩的な知識を教え、学生を対象とした模擬調査を実施する年度がある。社会調査の要点を説明し、学生に調査目的・仮説・質問文と選択肢を作成させて、筆者の講義時間を用いて受講生に集合調査を行うものである。その後、学生はデータ入力・データ分析をした上で、調査報告を作成する。2022年度は模擬調査を行うことになり、後期開始時に「大学生の生活と将来に関する意識調査」として実施された。この調査票の中に、新型コロナウイルス蔓延という状況下におけるマスク着用に関する質問項目が含まれていた。そのようなことを調査してみたいと思った学生がいたということである。この質問項目の回答結果が、まったく思いもよらないものであったのである。

模擬調査なので、本来は学生の分析に委ねて終わりである。しかし、結果があまりにも異様であったので、なにかのまちがいではないかと思い、もっと標本数を増やして検証してみようと思い立った。そこで、経済学部の井上正夫教授と法学部の明照博章教授に協力してもらい、それぞれの講義の冒頭で追加の調査を実施した。

調査の実施状況は以下のとおりである。

2022年9月22日　「地域社会学」の講義内で集合調査　回収票136票
2022年11月2日　「アジア経済史」の講義内で集合調査　回収票94票
2022年11月7日　「刑法Ⅰ」の講義内で集合調査　回収票269票

この三度の集合調査によって、合計499票の調査票を回収することができた。性別の内訳は、男性306票・女性191票・無回答2票であった。

質問紙調査は、学生対象であったとしても、本来ならば標本を無作為に選出する調査法が望ましい。例えば、学籍番号の末尾が○番の学生に対して調査を行うというような手法である。とはいえ、同一大学に学ぶ学生という集団は、社会心理的に比較的均質な集団と考えてよい。集合調査であったとしても、母集団の傾向を推定することは可能だと思われる。また、松山大学の学生数は5,000人余りであり、本調査の標本数は合計で499票である。全学生の10分の1程度から回答を得られたということで、これ以上数が増えても、回答結果が大きく変わることはないと思われる。

さて、標本数を増やしたことで変化はみられたであろうか。結論をいうと、筆者には信じがたかった調査結果に変わりはなかった。そこで、新型コロナウイルスの蔓延という状況の中で浮かび上がった若年層の社会意識の一側面を時代の記録として残そうと考えた。これが、本章執筆を企図した経緯である。

1　マスク着用をめぐる状況

マスクをしていると息苦しく、酸素不足で思考力が低下する。発話もうまくいかない。口元は常に違和感を知覚しつづけ、ゴムひもで引っ張られる耳は痛みを感じる。夏場は、マスク内に熱気がこもり、熱中症の危険性と隣り合わせである。マスク着用による肉体的、精神的な負荷によって免疫力が低下し、かえって病気にかかりやすくなるような気さえする。そればかりではなく、マスクをつけた相手の声は聞き取りにくく、表情はわからない。互いに意思の疎通に支障をきたす。それ以前の問題として、初めて会った人の顔は記憶に残らず、既知の人物とすれ違っても当人だとわからないこともある。このような地獄のマスク生活が、2020年3月あたりから2年以上続いた。

そもそも、このマスクの機能とは、どのようなものであろうか。元医学部教授の井上正康は、「コロナウイルスの大きさは約0.1μmです。マスクの隙間は50倍以上も大きい5μmなので、余裕でとおりぬけてしまいます」(井上・松田, 2021, p.44) と述べている。このような専門家の意見を聞かずとも、常識的に考えて、マスクには感染予防効果がないというのは自明である。世界保健機構も、2020年の新型コロナウイルスの蔓延が始まった当初は、一般市民がマスクを着用することを推奨しないとしていた。また、新型コロナ関連本の中で頻繁に紹介されたため、広く知られるようになったのが、デンマークで行われたマスクの予防効果に関する実験結果である[(1)]。それは、マスクをしていても、していなくても、新型コロナウイルスの感染状況に関して、統計的に有意な差がなかったというものである。

にもかかわらず日本では、専門家を名乗る人たちがあらゆる機会を捉えて、マスク着用・手指のアルコール消毒・3密回避を感染対策として喧伝した。その結果、多くの人が自発的にマスクを着用するようになり、マスクをしていない人間が白眼視されるような風潮が生まれた。マスク非着用者を厳しく咎めるような輩も現れ、「マスク警察」なる言葉さえ生みだされた。

2021年に入ってワクチン接種が進むと、欧米諸国ではマスクを着用しなくてもよくなり、通常の生活へ戻っていった。日本では、ワクチンを打ってもマスクを着用しろという意味不明の喧伝が、これまた専門家からなされた。その結果、ほとんどの人がマスクを着用したままの状態が続いた。欧米諸国よりも、感染者数も死亡者数も著しく少ない「さざ波」状態だったというのに。2022年に入って、日本政府もマスク着用の弊害をようやく認識し、5月23日に感染対策の基本方針の改定版を提示した[(2)]。マスクは屋外では原則不要、屋内でも距離があって会話が少なければ不要との方針に転じたのである。当然、図書館・美術館・博物館等では着用してなくてよいことになった[(3)]。

2022年夏以降、松山市内の屋外を目視で確認すると、マスクをしていない人が増えていた。愛媛県立図書館での図書の借用・返却の際にも、マスク未着用を咎めだてされるようなことはなく、係員は何も言わなかった。2022年度後期になると、松山大学キャンパス内でも、マスクをしない者やしていても顎の方へ外している者などをちらほら見かけるようになった。また、昼食時には、マスクなしで長時間談笑しながら食事をたのしむ学生たちの姿をみかけるようになった。一方で、松山大学図書館はあろうことか8月になって、政府の方針に反し、かつ世の中の流れに逆行して、マスク着用を促す通知を出していた[(4)]。あの閑散とした図書館のどこに感染の危険性があるというのであろうか。政府の方針に反するのはともかく、学問の府・大学なのに、科学的な知見を受け入れずにマスクの効果を妄信するマスク真理教の信者が、この大学には存在する。ここで、マスクを着用するなと主張したいわけではない。マスクに効果があると信じる人は、民間療法の一種として着用すればいいと思う。旧統一教会信者が多宝塔をありがたがるように、マスク着用で心の平安が得られるというのならば、好きに着ければいい。一方で、筆者にはマスク着用の戒律も、それに付随した信仰心もない。にもかかわらず、小学校、中学校、高校、大学、大学院、そして大学と、病欠は1日もない。少なくとも高校卒業後は、風邪薬の類を購入したことも服用したことも、一度たりとてない。こういう人間は、それなりの数、存在するはずである。そして、そうした人間にまで、マスクを強権的、抑圧的に無理やり強制するのは不合理かつ理不尽としかいいようがない。

とにもかくにも模擬調査は、このようなマスクをめぐる状況下で行われた。一般社会では、マスクをしなくても問題がないことについての理解が進む中、松山大学内では依然として無意味な感染対策が頑迷固陋（ころう）に継続されていた。

2 不安感とマスク

では、調査結果を示していきたい。なお、クロス集計表の下部に表記されている「χ^2」はカイ2乗値を、「df」は自由度を示す。また、「P＜0.01」はカイ2乗検定の結果、1%水準で有意であったことを示している。

表11－1　マスク非着用による不安感

	回答数	%
不安に感じる	108	21.6
どちらかというと不安に感じる	188	37.7
どちらかというと不安に感じない	82	16.4
不安に感じない	121	24.2
合計	499	100.0

表11－2　性別×マスク非着用による不安感

	不安に感じる	どちらかというと不安に感じる	どちらかというと不安に感じない	不安に感じない	%の基数
男性	19.3	27.8	19.9	33.0	306
女性	25.7	52.9	11.0	10.5	191
合計	21.7	37.4	16.5	24.3	497

$\chi^2 = 52.224$　df = 3　$P<0.01$

表11−1は、「あなたは、マスクをしていないと不安に感じますか、感じませんか」という質問に対する回答結果である。

よく知られているとおり、学生たちの年代は感染しても無症状の人がほとんどで、重症化する危険性は皆無に近い。にもかかわらず、驚くべきことにマスクをつけていないと「不安に感じる」という人が「どちらかというと不安に感じる」をあわせると59.3%という高い比率にのぼった。

罪深いのは、新型コロナウイルスの恐怖を煽りまくった専門家とマスメディアである[(5)]。マスクをする必要がない若年世代にさえ、恐怖感、不安感を植えつけてしまっている。エマニュエル・トッドはこの新型コロナ禍について、「低リスクの「若者」と「現役世代」に犠牲を強いることで、高リスクの「高齢者」の命を守った」（トッド, 2021, p.37）と論評している[(6)]。新型コロナウイルス感染による死者は、高齢者に集中している。しかし、トッドが言うように、大学生を始めとする若年層は新型コロナ禍騒動の真の犠牲者といってもよいであろう。大学生たちは様々な経験を享受するべき時期に、自粛を強いられ、行事が中止になり、出会いが激減し、マスクを無理やりつけさせられたのである。

性別とマスク非着用による不安感との関連をみると、カイ２乗検定の結果1%水準で有意であった（**表11-2**）。女子学生の方がマスクを着用しないことに対する不安感をもつ者の比率が高い。女性は「不安に感じる」「どちらかというと不安に感じる」をあわせると78.6%に達する。女性の方が、健康状態に対する意識が敏感ということがあると思われる。逆に男性には、不安や恐怖を克服してこそ「男」、というような「男らしさ」の意識がどこかで働いているのかもしれない。ただし、それらのことを測定する質問を用意しなかったので、あくまで仮説に留まる。今後の検証にゆだねることとする。

マスクをしていないと不安に思う人は、精神的にいわゆる「心配性」の傾向があるのかもしれない。今回の調査では、「あなたは、将来の経済面に不安がありますか、ありませんか」と「あなたは、将来の家事育児に不安がありますか、ありませんか」という、将来への不安感を尋ねる質問をしている。**表11−3・表11−4**は、その回答結果である。これはまた別の問題になるのだけれども、経済不安があるという学生が、「ある」「どちらかというとある」をあわせて83.0%という高率に上ることに、まず暗然とさせられる。

この2つの質問とマスク非着用による不安感との関連をみると、カイ2乗検定の結果、どちらも1%水準で有意であった。将来の経済不安を感じている層では、マスク非着用による不安感をもつ者が多くなる。将来の経済不安が「ある」という人では、マスクを着用しないと不安だとする人が「不安に感じる」「どちらかというと不安に感じる」をあわせて65.9%であった。経済不安が「ない」という人では、マスク非着用を不安に思う人はあわせて36.0%にまで減る（**表11−5**）。

同様に、将来の家事・育児に対して不安感を抱いている層で、マスク非着用による不安感をもつ者が多くなる。将来の家事・育児に対して不安が「ある」という人では、マスクを着用しないと不安だとする人が「不安に感じる」「どちらかというと不安に感じる」をあわせて72.1%にまでなる。これに対し、将来の家事・育児に対する不安が「ない」という人では、マスク非着用を不安に思う人はあわせて33.8%にまで減る（**表11−6**）。

マスクをつけるのは、新型コロナウイルスへの感染の不安からだけではない。この間、「自粛警察」「マスク警察」を生んだ日本社会の同調圧力の強さが取り沙汰された[(7)]。このことから、社会の大勢に従おうという意識が強い人ほど、マ

表 11 －3　将来の経済不安

	回答数	%
ある	241	48.3
どちらかというとある	173	34.7
どちらかというとない	60	12.0
ない	25	5.0
合計	499	100.0

表 11 －4　将来の家事・育児への不安

	回答数	%
ある	161	32.3
どちらかというとある	196	39.3
どちらかというとない	71	14.2
ない	71	14.2
合計	499	100.0

表 11 －5　将来の経済不安 × マスク非着用による不安感

	不安に感じる	どちらかというと不安に感じる	どちらかというと不安に感じない	不安に感じない	%の基数
ある	29.0	36.9	12.9	21.2	241
どちらかというとある	17.3	41.0	22.5	19.1	173
どちらかというとない	8.3	36.7	15.0	40.0	60
ない	12.0	24.0	12.0	52.0	25
合計	21.6	37.7	16.4	24.2	499

$\chi^2 = 38.488$　df = 9　$P<0.01$

表 11 －6　将来の家事・育児に対する不安 × マスク非着用による不安感

	不安に感じる	どちらかというと不安に感じる	どちらかというと不安に感じない	不安に感じない	%の基数
ある	34.8	37.3	9.3	18.6	161
どちらかというとある	16.3	45.4	21.4	16.8	196
どちらかというとない	21.1	28.2	21.1	29.6	71
ない	7.0	26.8	14.1	52.1	71
合計	21.6	37.7	16.4	24.2	499

$\chi^2 = 68.698$　df = 9　$P<0.01$

表 11 －7　人の目が気になるか

	回答数	%
気になる	166	33.3
どちらかというと気になる	209	41.9
どちらかというと気にならない	72	14.4
気にならない	51	10.2
無回答	1	0.2
合計	499	100.0

表 11 －8　人の目が気になるか × マスク非着用による不安感

	不安に感じる	どちらかというと不安に感じる	どちらかというと不安に感じない	不安に感じない	%の基数
気になる	34.9	33.7	13.3	18.1	166
どちらかというと気になる	16.7	47.4	18.2	17.7	209
どちらかというと気にならない	13.9	30.6	26.4	29.2	72
気にならない	9.8	21.6	5.9	62.7	51
合計	21.7	37.8	16.5	24.1	498

$\chi^2 = 79.108$　df = 9　$P<0.01$

スクをつけていないと不安に感じると予想できる。本調査では、「人の目が気になりますか、なりませんか」という質問を行っている。**表 11−7** は、その回答結果である。人の目が「気なる」「どちらかというと気になる」は、あわせて 75.2%という高い比率になった。

この「人の目が気になりますか、なりませんか」という質問に対する回答とマスク非着用による不安感との関連をみてみた。クロス集計を行い、カイ 2 乗検定をすると 1%水準で有意であった。人の目が「気になる」という人の方が、やはりマスク非着用への不安をもつ人が多かった。人の目が「気になる」という人では、マスクを着用しないと不安だとする人が「不安に感じる」「どちらかというと不安に感じる」をあわせて 68.6%になる。一方、人の目が「気にならない」という人では、「不安に感じる」「どちらかというと不安に感じる」はあわせて 31.4%にとどまった（**表 11-8**）。

ただし社会心理学の調査の場合、「不安を強く感じる性格」「周囲の反応に過敏な性格」というものを測定する際には、もっと数多くの質問をして尺度を構成するので、1問や2問で断定することは避けねばならない。模擬調査で得られたとりあえずの結果として、参考までに示してみた。

3　マスクを着けつづけたい人びと

次に、「あなたは、新型コロナウイルス終息後もマスクをしたいと思いますか、思いませんか」という質問の回答結果の検討に移る。基礎演習の中で、学生がこの質問を作成して報告したときは、新型コロナウイルス終息後においてもマスクを「したい」と回答する人間がいるとは思えず、質問として成り立たないと考えた。そこで当該学生に対して、「新型コロナウイルス終息後もマスクをしたいなんて人は1人もいないから、質問する意味がないのではないか」との助言を与えた。学生が、それでも尋ねてみたいというので、調査票に残した質問である。

結果は驚愕すべきものであった。「したい」「どちらかというとしたい」をあわせると、なんと約3分の1の学生がマスクを着け続けたいと回答していた。実は、この予想を大きく裏切る驚天動地の結果を得たことが、調査の標本数を増やしてみようと考えた直接の動機である（**表11－9**）。

性別でみると、女子学生の実に半数が「したい」「どちらかというとしたい」と回答していた（**表11－10**）。カイ2乗検定の結果は1%水準で有意であり、あきらかに女子学生の方がマスクをしたいと思っている人の比率が大きい。なぜ女性は、マスクをし続けたいなどという狂気に囚われているのであろうか。拷問されているかのような拘束具を、自ら進んで着用し続けようとは、いったいいかなる理由からであろうか。

写真は、3年生の演習で役場に標本抽出に行った際に撮影した記念写真である。男女のマスクに対する姿勢の違いが象徴的に表れていると思ったので掲載する。見てのとおり、男子学生はマスクを外しているけれども、女子学生はマスク着用のままである。これは一例にすぎないけれども、女性の方がマスク着

表 11－9　新型コロナウイルス終息後の
マスク着用意志

	回答数	%
したい	49	9.8
どちらかというとしたい	116	23.2
どちらかというとしたくない	149	29.9
したくない	185	37.1
合計	499	100.0

表 11－10　性別 × 新型コロナウイルス終息後のマスク着用意志

	したい	どちらかというとしたい	どちらかというとしたくない	したくない	%の基数
男性	7.5	14.7	31.4	46.4	306
女性	13.6	36.6	27.2	22.5	191
合計	9.9	23.1	29.8	37.2	497

$\chi^2 = 47.618$　df = 3　$P<0.01$

写真　調査の記念撮影（2022 年 9 月 15 日 筆者撮影）

表11－11　マスクをしたい理由

	回答数	%
顔を見られたくない	62	37.6
感染予防	39	23.6
肌荒れを隠せる	16	9.7
メイクが大変	13	7.9
髭剃りが大変	12	7.3
歯並びを隠せる	7	4.2
かわいく見える	3	1.8
小顔に見える	2	1.2
その他	11	6.7
合計	165	100.0

用に抵抗感がないように見受けられる。

また、以下に述べるようなこともあった。新型コロナウイルス蔓延の2年目（2021年）のことである。この年は、4月から大学の授業が、原則対面で行われることになった。ただし、マスク着用の上である。そうした中で、演習も始まった。1、2年生の演習の初回は、所属学生の自己紹介から始めるのが通例である。2021年度の最初の演習課目での自己紹介に際して、「マスクを外して、みんなに顔をみせてくれ」といったところ、女子学生たちからマスクを外すことを頑強に拒まれた。「なんにもしていないから、見せられない」との弁であった。「なんにもしていない」とは、化粧等をしていないことを指すと思われる。こちらとしては、ごく当然のことを指示したつもりであったのだが。それ以降、自己紹介はマスクをつけたままで行うことにした。記念撮影も、「記念撮影するけど、マスクをとらないの」というぐらいでとどめている。

さて、マスクを「したい」「どちらかというとしたい」と回答した人に、その理由を尋ねてみた結果が**表11－11**である。最も多かった理由が「顔を見られたくない」で37.6%、次いで「感染予防」23.6%、「肌荒れを隠せる」9.7%と続いている。マスク着用の本来の目的であるはずの「感染予防」が最も多いというわけではなかったのである。「肌荒れを隠せる」「メイクが大変」「歯並びを隠せる」「かわいく見える」「小顔に見える」という外見ないし美容にまつ

表11－12　性別×マスクをしたい理由

	顔を見られたくない	感染予防	肌荒れ	メイク	髭剃り	歯並び	その他	%の基数
男性	25.7	35.7	10.0	0.0	15.7	0.0	12.9	70
女性	46.8	14.9	8.5	13.8	1.1	7.4	7.5	94
合計	37.8	23.8	9.1	7.9	7.3	4.3	9.7	164

$\chi^2 = 40.000$　df = 6　$P<0.01$

注)「かわいく見える」「小顔に見える」は「その他」に統合した。

わる理由は合計で24.8％になり、「感染予防」と同程度の比率を占める。「その他」の回答には、「花粉症があるから」というもっともなものもあれば、「マスクを着けるのがふつうになったから」という怖いものまでがあった。

性別でみると、女性は「顔を見られたくない」が46.8％で、半数近くを占めた。次いで「感染予防」が14.9％で、3番目に「メイクが大変」という女性らしい理由が13.8％であった。男性の場合は「感染予防」が最も多く35.7％で、次に「顔を見られたくない」が25.7％、「髭剃りが大変」が15.7％であった（**表11－12**）。

犯罪を計画、実行しているわけでもないのに、「顔を見られたくない」とはどういうことであろう。不可思議に思ったので、直接学生に「顔を見られたくない」というのはどういう意味か尋ねてみた。ある学生は、「つけているのがふつうになったので、マスクをはずすと恥ずかしい」と答えた。

これを聞いて、井上章一による女性の羞恥心の時代的な変化を様々な資料で追った研究が脳裏に浮かんだ。井上によれば、1920年代あたりまでの日本女性は下着をつけていなかったという。であるから、女性の陰部が露わになること、のぞけることが、ままあったという。しかし、当時の女性たちは陰部を見られたからといって、今日ほど恥ずかしがらなかったという。井上は、「陰部をのぞかれた時にいだくたえがたい羞恥心。これは、パンツをはく習慣が女たちにうえつけた心性である。パンツによって、洗脳されていった気持ちのありようなのだ」（井上, 2002, p.78）と述べている。

筆者自身、学生時代に行った民俗調査の記憶がある。夏休みに関東地方の山間の集落に赴いて、聞き取りを行った時のことである。民俗調査なので、話者は集落の歴史・伝統行事・風俗習慣などに通じている高齢者である。調査にあたって、民家を1軒1軒訪ねていく。当時の山間の伝統的家屋では、夏は障子戸を開け放して家の中に風を迎え入れていた。敷地に入っていくと、家屋の内部がすぐ目に入る。当然ながら、そこに高齢女性がいることがある。時に、その高齢女性の上着がはだけていて、裸の胸部がみえることがあった。その女性は特に隠すわけでもなく、悠然と団扇を扇いで、涼をとっていた。彼女の周囲の高齢女性は、暑い夏に室内でくつろぐときには、胸をはだけて直接風を送るのがふつうであったのだろう。たしかに、服を着ているよりも、素肌に風を送った方が涼しいにきまっている。そして、それがいつものことで、恥ずかしくもなかったのだと思われる。恥ずかしいから隠すのではなく、隠すから見られたときに恥ずかしく感じるようになるのである。「マスクをつけ続けたい」「マスクを外すと恥ずかしい」という奇妙奇天烈な意識は、井上章一風に言えば、「マスクによって、洗脳されていった気持ちのありよう」だといえる。

他にも、マスクをつけていると、他人は勝手に隠された部分の顔を想像してくれる。その想像上の顔と実際の顔との間に落差が生じはしないかという心配がある、という学生もいた。「顔を見られたくない」というのは、文字どおり顔を覆って隠していたいという意味のようである。

また、女性は、「メイクが大変」（13.8%）・「肌荒れを隠せる」（8.5%）・「歯並びを隠せる」（7.4%）といった審美性に関わる選択肢を選んだ人の比率があわせて29.7%と、約3割にのぼった。特に女性では、感染予防は二の次、三の次といった感じである。

4　容貌とマスク

「顔を隠したい」ということに関しては、「あなたは、マスクでコンプレックスに思う部分を隠したいと思いますか、思いませんか」と直接問う質問が、今回の調査でなされている。マスクで劣等感をもつ部分を隠したいという欲求自体が、そもそも奇妙な欲求である。マスクを着けることが常態になったがゆえに形成された欲求である。新型コロナウイルス蔓延以前ならば、いくら顔に劣等感をもつ部分があったとしても、大半の人はマスクでそれを隠そうとは思わなかったはずである。

学生が作成した選択肢は、当初､「そう思う」「どちらかというとそう思う」「どちらかというとそう思わない」「そう思わない」の4つであった。わざわざ隠したいと思うような強い劣等感をもたない学生も多いのではないかと思い、「コンプレックスはない」という選択肢を加えたらどうかとの助言を行い、調査に至った。結果は､「そう思う」「どちらかというとそう思う」が、あわせると49.6％であった。実に半数近くの学生が、強弱はあれど、隠したいと思っているとの回答であった。10代､20代は､自分の容姿がかなり気になり､場合によっては思い悩むことも生じる時期である。年齢を重ねて皺や染みが増えてくればどうでもよくなるような小さなことでも、若いときには気に病むというのはわかる。それにしても、高い比率である。長引いたマスク生活が、異常な意識を醸成し、促進したようである（**表11－13**)。

性別でみると､「そう思う」「どちらかというとそう思う」をあわせて、男性は37.6％、女性は68.9％であった。女子学生の68.9％というのは、これまた異常な数字である。女子学生において「マスクでコンプレックスに思う部分を隠したい」と思う人が異様なまで多いのは、顔の美しさがもつ価値が男女間で異なることの反映であろう（**表11－14**)。

顔の美醜をめぐる研究を総合的に論じたナンシー・エトコフは、その著書の中で「美しさは女性ばかりではなく男性にとっても有利だが、女性の方がはるかに威力が大きい」(エトコフ, 2000, p.67）と述べ､「現実の場面で男性の選択が相手の外見にかなり左右されることは、さまざまな例で実証ずみだ。ハイスクールでは、きれいな女の子はそうでない女の子の一〇倍以上結婚相手を見つける確率が高い。きれいな女の子は「玉の輿に乗る」、つまり自分より教育程度も生活水準も高い相手と結婚することが多い。だが男性については、ハイスクール時代にかぎらずどんな年代でも、その外見から、結婚する確率や、将来の結婚相手の経済的地位などを予測することはできない」(前掲書, pp.80～81）と、顔の美しさがもたらす効果における男女間の差異について叙述している。顔が美しいことで得られる利益は、男性よりも女性の方がずっと大きいのである。

外見がもたらす利益が大きいということは、逆に美しくないことによって被

表11－13　マスクでコンプレックスに思う部分を隠したいか

	回答数	%
そう思う	96	19.3
どちらかというとそう思う	151	30.3
どちらかというとそう思わない	86	17.3
そう思わない	131	26.3
コンプレックスはない	34	6.8
無回答	1	0.2
合計	499	100.0

表11－14　性別×マスクでコンプレックスに思う部分を隠したいか

	そう思う	どちらかというとそう思う	どちらかというとそう思わない	そう思わない	コンプレックスはない	%の基数
男性	9.8	27.8	18.3	34.6	9.5	306
女性	34.7	34.2	15.8	12.6	2.6	190
合計	19.4	30.2	17.3	26.2	6.9	496

$\chi^2 = 47.618$　df = 4　P<0.01

る不利益も大きいということである。このことを、若い女性は、意識的、無意識的に感じ取っていると思われる。『現代思想』第49巻第13号（2021年11月）には、外見にもとづく差別（ルッキズム）が特集されている。そこに収められた諸論稿では、随所でより女性の方に外見による差別・選別の圧力がかかっていることが指摘されている[(8)]。

女性、とりわけ若い女性は、外見をめぐって厳しく評価される世界に生きている。その容貌を気にせざるを得ない状況下にいる。そうした中で、自分の顔の下半分で、輪郭線が気に入らない、歯並びが悪い、唇の形が悪い、鼻が低い等々、なにかしらの難点を抱えていると思っている人は、マスクで隠しておきたいという考えに傾くのかもしれない。

選択肢にわざわざ付け加えさせた「コンプレックスはない」を選んだ女子学生は、わずか2.6%、実数にして5人であった。ほんとうにこんなに少ないのであろうか。だとしたら、女性がもつ自己の容姿に対する要求水準というのは、私が漠然と考えていたものよりもはるかに高いといえる。

一方、男性では「そう思う」「どちらかというとそう思う」をあわせると37.6%であった。女性よりも低い比率にはちがいない。それにしても、37.6%というのも十分に異様な数字である。田中東子は、「「美貌」や「スタイルの良さ」といった身体的風貌を基準とした人間の選別と差別——まさに本特集のキーワードである「ルッキズム」——は、長い年月、女性たちを傷つけてきただけでなく、今日においては男性たちにもその攻撃の手を広げ始めている」(田中, 2021, p.107) と述べている。今や、若い男性では、女性同様に外見を気にする人が増加しているということである。

このことを「社会のイケメン化」と表現したのが前川直哉である。「社会のイケメン化」とは、「男性にとっても外見が重視されることが当たり前のこととなり、その価値観を多くの男性自身が内面化していく、という歴史的変化」のことを指していっている(前川, 2014, p.27)。そして、この「社会のイケメン化」が開始された時期を1980年代後半としている[(9)]。石田かおりは、「男性の化粧による身体装飾行為が、この「特殊な場合」の枠を出て、日常生活に広まるきっかけとなったのは、一九九三年のプロサッカーリーグ「Jリーグ」の発足であると考えられます」(石井・石田, 2005, p.80) と述べている。いずれにせよ1990年代には、男性の中にも外見を気にする文化が形成されたといえるようである。

劣等感をもつ部分をマスクで隠したいと思う男子学生が3分の1以上にも上る。しかし、現在の男子学生は、生まれたときから外見を気にしなければならない社会状況の下で育ったわけである。そうした社会の変化が、調査結果に現れている。

さて、マスクはたしかに顔の下半分の難点を隠してくれる。女子学生の中には、「マスクをしていた方がかわいく見える」という趣旨のことを述べる者がいた。また、「マスクをすると小顔に見えるんです。小顔マスクというものだって売られているんです」という学生もいた。量販店に行くと、たしかに「小顔に見えるマスク」なるものが販売されていた。そうした需要が、若い女性を中心にあるということである。

昭和の時代は、芸能人あるいはアイドルと呼ばれる領域の人でも、顔の大きな人が数多くいた印象がある。日本人の平均身長がかなり低かったので、相対的に顔が大きく見えたということもあるのかもしれない。そもそも、昭和の御代に「小顔」などという言葉自体がなかったような気がする。『広辞苑』を確かめてみると、1998年発刊の第5版には「小顔」は収録されていない。2008年に刊行された第6版になって、「小顔」の項がたてられ、「顔が小さいこと。また、化粧などで小さく見えるようにした顔」という説明が載っている。ということは、2000年代に入って「小顔」に見られたいという欲求が普遍化し、そのように見えるような化粧技術が浸透したということなのだろう。

学生が作成した「マスクをしたい理由」を問う質問の選択肢には、「小顔に見える」が設けてあった。学生が選択肢として置きたくなるほど、若い女性の間で「小顔」への関心が強くなっているということなのであろう。実際、若い女性の顔が小さくなっているという報告もあるようである[(10)]。顔が大きな人ばかりの時代は、自分の顔が多少大きくとも気にならなかったであろう。しかし、日本人の顔が全体として小さくなる方向に進化しているとき、「小顔」に見えることの重要性が増しているといえる。その影響が、マスクにも及んでいる。

では、ほんとうにマスクを着用することによって、当該人物の顔の魅力度は向上するのであろうか。この点に関する社会心理学的実験の結果が叙述されているものが、河原純一郎「衛生マスクは魅力を上げるか？」である。

河原の実験は、以下の手順で行われた。「膨大な画像データベースであらかじめ魅力を評定した顔画像のなかから、魅力の高い・平均的・低い顔のグループを作りました。そしてこれらの顔にデジタル画像処理をしてマスクをつけたものを用意しました。調査では、コンピュータ画面に1枚ずつ、マスクをつけた顔かそうでない顔を呈示し、評定者が画像1枚ごとに、見た目の魅力を1－100の範囲で評定しました」（河原, 2019, p.100）というものである。その結果は、「マスクをつけた顔画像は、マスクをつけていない顔に比べて見た目の魅力が低く評価される」という、当然すぎるものであった。また、魅力度の高い顔ほど、マスクをつけたことによる魅力度の低下の度合いが大きいこともわかっている。これもまた当然のことと言える。いくら美しい顔でも、マスクで隠してしまったらその美しさが他人の目にふれないのだから。

つまり、通常であれば、マスクをつけない方が、顔の魅力度は高くなるのである。マスクで顔を隠したところで、逆効果と言える。しかし、9割がたの人間がマスクをつけているという特殊な状況下では、一概にそういえないかもしれないが。

河原は、マスクを着けた人だらけという異常事態において応用がきく、もう1つの知見をあきらかにしている。それは、「マスクの色を薄いピンクに変えて同様の実験を行ったところ、女性の顔画像では白色マスクに比べてピンク色のマスクは魅力を上昇させるはたらきが」あった、という実験結果である（前掲書，p.101)。次々と繰り出された小池百合子東京都知事の多種多彩なおしゃれマスクには、一定の意味と効果があったのである。

5 マスク生活がつくりだした奇妙な意識

学生たちの間に、新型コロナウイルスへの感染不安があったのは、たしかである。しかし、長期にわたったマスク生活によって、マスクは感染防御とは異なる独自の意味を帯びるようになった。常にマスクを着けている状況があたりまえになるなか、素顔をさらすのが恥ずかしいという意識が芽生えた。あるいは、顔の中の隠したい部分をマスクによって覆うことができるので、いっそのこと続けてマスクを着用しようというような意識まで生まれた。この種の意識は、外見による選別の圧力に強くさらされてきた女性の間に、より多く、より強く形成された。

ところで、本章執筆中、大朗報が伝わってきた。2023年3月からマスクの着用については、個人の判断によることになったのである。マスク着用に関する「ご協力」という名の強制がなくなることとなった。しかし、1年前と比べて、新型コロナウイルスをめぐる状況の何がどう変わったというのであろうか。ほぼ変化はない。1年以上前にマスク不要にしておいてよかったといえる。マスク不要の方針を打ち出すのが、あまりにも遅きに失した。

学生たちがマスクを着用してきた1つの理由に、周囲への同調がある。かつて、新聞記者の本多勝一がいみじくも「メダカ型社会」と名づけた日本人の行動様式[(11)]が、今度の新型コロナ禍でも顕著にみられた。であるから、逆に周りにマスクをしない人が増えていき、ある一線を越えれば、すぐにマスク姿はみられなくなるであろう。昨秋の時点でマスクを着けつづけたいと思っていた人が多くいたにしろ、マスクをしないのが標準に戻るはずである。そうなれば、マスクをしていないと不安だとか、顔をマスクで隠しておきたいなどという奇妙な意識は、瞬く間に消滅していくにちがいない。そんな意識が若い年代の人に芽生えていたということも、時間とともに忘れ去られよう。そうしたことから、歴史上稀有のマスク時代に生じた意識がどのようなものであったか、ここに記録しておくことにも一定の意義があると考える。

付　記

本章は、「地方大学生のマスク着用をめぐる意識――なぜマスクを着けるのか」『松山大学論集』第35巻第3号（2023年）を加筆修正のうえ転載した。

謝　辞

ご協力いただいた本学の井上正夫教授・明照博章教授にお礼申し上げます。写真掲載を了承してくれた学生たちに感謝いたします。

注

(1)　鳥集（2022，pp.85～86）「いちばんよく知られており、信頼性の高いのが、デンマーク政府が行ったRCTです。デンマーク国内でマスク着用を義務づけていなかった2020年4～5月にかけて行われたもので、成人約6,000人をマスク着用群と非着用群に無作為に分けて行われました。その結果、1カ月後にマスクをつけていた群でコロナに感染した人は1.8%、つけるよう指導されなかったグループでは2.1%。統計学的な有意差（偶然とは言えない明らかな差）は出ませんでした。つまり、マスクで感染を予防できると断言できる結果は出なかったのです」。その他にも、木村（2021，p.51）、井上・松田（2021，p. 44）等にも、デンマークの実験が紹介されている。

(2)　「(4) 感染防止策 「マスクの着用」については、屋内において、他者と身体的距離（2m以上を目安）がとれない場合、他者と距離がとれるが会話を行う場合、屋外において他者と距離がとれず会話を行う場合は、マスクの着用を推奨する。また、高齢者等との面会時や病院内など、重症化リスクの高い者と接する場合にはマスクの着用を推奨する。マスクは不織布マスクを推奨する。なお、屋内において他者と身体的距離がとれて会話をほとんど行わない場合は、マスク着用は必要ない。屋外において、他者と身体的距離が確保できる場合、他者と距離がとれない場合であっても会話をほとんど行わない場合は、マスクの着用は必要なく、特に夏場については、熱中症予防の観点から、マスクを外すことを推奨する」（内閣感染症危機管理統括庁『新型コロナウイルス感染症対策の基本的対処方針（2022年5月23日変更）』より）。

(3)　厚生労働省のホームページには、「〈屋内〉 マスク着用の必要がない　他者と身体的距離が確保できて会話をほとんど行わない場合（例：距離を確保して行う図書館での読書、芸術鑑賞）のみ」とある。

(4) 松山大学学内ポータル「図書館　入館時のお願いほか」に、「互いにできる予防策として、マスクの着用も引き続きお願いしております」(2022年8月9日付)

(5) テレビ局の新型コロナウイルス関連の番組制作の舞台裏については、藤井・木村（2021, pp.32～60）に、その一端が示されている。同書では、「「自粛」ムードを作ったメディアのせいで、一年以上たった今も、コロナの恐怖は消えていない。それどころか、まだ煽り続けているわけです。自分たちの放送した内容が、ここまで人の行動や意識を変え、社会に甚大な影響を与えてしまうのだということに対して、メディアはもう少し責任を持ってもらいたい」(前掲書, p.46）というような痛烈なマスメディア批判もなされている。

(6) トッドは同じところで、「グローバリズムの恩恵を最も受けてきたのは、現在の高齢者、戦後のベビーブーマーの世代で、最も犠牲を強いられたのは、「先進国の若い世代」です。あくまで冗談めいた比喩ですが、死者が高齢者に集中しているのは、あたかも「グローバル化のなかで優遇されてきた高齢者を裁くために、神がウイルスを送り込んだ」とみえなくもありません」とさえ述べている。

(7) 例えば鳥集（2021, p.160）に、以下のやりとりがある。

> 和田　これに関して言うと、さっきの医学の3大問題点の他に、日本人の国民性の問題点がまた3つあると思うんです。1つ目は、法律に書かれていなくても「守らなくちゃいけない」と思ってしまう、日本人の「かくあるべし思考」というか、同調圧力の強さ。それが感染を抑えている面もあるんだけど、個人的な主張をすることが恐ろしく難しい国になっている。
> 鳥集　僕らもコロナを怖がりすぎるなと言いながら、余計な軋轢を生まないようにマスクをしていますからね。

「和田」は、精神科医で著述家の和田秀樹。鳥集は、新型コロナウイルスは季節性インフルエンザ並みの毒性しかないので過剰な感染対策をするなという論陣を張りながらも、マスクはつけていたようである。

(8) 例えば、堀田義太郎「そもそも私たちの社会では外見を評価されるという経験自体が明らかに女性に偏っていて、それは女性をめぐる慣習や制度と密接に結びついているというか、ある意味ではそれらを「象徴している」といってよいのではないでしょうか」(西倉・堀田, 2021, p.13)、田中東子「ルッキズムがその選別機能を、男性よりも女性に対してより苛烈に行使している事例を挙げることは、さほど難しいことではない。女性たちはそもそも「女性」に「見える」ということによって暴力や差別に晒され、さらには十分に整った容姿ではないように「見える」ということでさらなる抑圧を受け、二重に機会を失っている」(田中, 2021, p.108)、北村匡平「ルッキズムは、女／男で比べるまでもなく、女性により重くのしかかっている問題である」(北村, 2021, p.119)、栗田隆子「とりわけ若年女性に対する外見に「あるべき姿」を押し付ける圧力が日本社会では強いことは、小さい頃から嫌というほど身に染みていたからだ」(栗田, 2021, p.142)。

(9) 前川直哉は、1988年の「ジュノン・スーパーボーイ・コンテスト」の開始を、1つの画期と位置付けている。

(10)「何よりも変化が大きいのは、身体です。身長が伸びただけでなく、身長に対する頭部の割合が小さくなった、つまり小顔になってきたのです。経済産業省のデータによると、78 ～ 81 年の 20 代女性の平均は 7.0 頭身でしたが、92 ～ 94 年にはこれが 7.2 頭身に。わずか 10 年ばかりの間に急激に小顔化が進み、69 人に 1 人が 8 頭身以上になっています」（山本，2011，p.54）。

また、身長が低いのに顔が小さい安室奈美恵の登場は、時代を画す出来事であったという。「安室奈美恵もこの時代のアイコンです。彼女は身長こそ低いものの、顔が小さい。彼女の登場は、「顔さえ小さければプロポーションが良く見える」ということを日本の女性たちに気づかせたのです」（前掲書，p.55）。

(11)「たとえば、その中の一匹がちょっと何かの刺激で横を向いたとすると、全部それにならって横を向いてしまう。ですからメダカの行動原理は何かというと、隣近所を見て、それにしたがって自分も動く、そういうことだと思われます。日本人の行動原理はそれに非常によく似ている。それは、論理とか道理とかにもとづくものではない。倫理でもない」「まわりがどう思うかをみて、それにしたがって自分も動く。それが行動原理になっている」（本多，1992，p.36）

参考文献

石井政之・石田かおり，2005，『「見た目」依存の時代――「美」という抑圧が階層化社会に拍車を掛ける』原書房
井上章一，2002，『パンツが見える。――羞恥心の現代史』朝日新聞出版
井上正康・松田学，2021，『新型コロナが本当にこわくなくなる本――医学・政治・経済の見地から“コロナ騒動”を総括する』方丈社
エトコフ，ナンシー著，木村博江訳，2000，『なぜ美人ばかりが得をするのか』草思社
河原純一郎，2019，「衛生マスクは魅力を上げるか？」三浦佳世・河原純一郎『美しさと魅力の心理』ミネルヴァ書房
北村匡平，2021，「男性身体とルッキズム」『現代思想』第 49 巻第 13 号（2021 年 11 月号）
木村盛世，2021，『新型コロナ、本当のところどれだけ問題なのか』飛鳥新社
栗田隆子，2021，「雇用の入口、「番兵」としてのルッキズム」『現代思想』第 49 巻第 13 号（2021 年 11 月号）
田中東子，2021，「娯楽と恥辱とルッキズム」『現代思想』第 49 巻第 13 号（2021 年 11 月号）
トッド，エマニュエル，2021，「コロナで犠牲になったのは誰か」『老人支配国家 日本の危機』文春新書
鳥集徹，2021，『コロナ自粛の大罪』宝島新書
鳥集徹，2022，『医療ムラの不都合な真実』宝島新書
西倉実季・堀田義太郎，2021，「外見に基づく差別とは何か――「ルッキズム」概念の再検討」『現代思想』第 49 巻第 13 号（2021 年 11 月号）
藤井聡・木村盛世，2021，『ゼロコロナという病』産経新聞出版
本多勝一，1992，『メダカ社会論序説――日本人の行動原理』貧困なる精神H集，朝日新聞社
前川直哉，2014，「イケメン学の幕ひらくとき――「社会のイケメン化」をめぐる現代史」『ユリイカ』第 46 巻第 10 号（2014 年 9 月臨時増刊号）
山本桂子，2011，『ブスがなくなる日――「見た目格差」社会の女と男』主婦の友新書

第 5 部

四国の注目選挙

第 12 章

「パーマ屋のせがれ」対「四国のメディア王」
——与野党対決の最前線・2021年総選挙香川1区

1　小川淳也と玉木雄一郎

自他ともに認める保守王国四国に、2人の非自民党国会議員がいる。香川1区の小川淳也と香川2区の玉木雄一郎である。2人は、四国では早くからよく知られた存在であった。四国では自民党以外の政党の国会議員が珍しいことに加えて、同じような経歴の同年代の若手国会議員だったからである。2人とも香川県で最も難関の高校である香川県立高松高校から東京大学に進み、小川は自治省（現総務省）に、玉木は大蔵省（現財務省）に入省した。貫禄があったりいかつかったりする人が多い国会議員の中にあって、両人そろって「イケメン議員」ということに、四国ではなっている。選挙区が隣接していて、同じ民主（民進）党所属だったので、2人のポスターが並べて貼ってあるのを何度も目にしたものである。東大卒の高級官僚出身若手「イケメン議員」2人が1つの県にいるというのは、全国的にもほとんどないのでないだろうか。

2人とも1度の落選を経験してから、その後は当選を重ねている。衆議院議員初当選は、小川の方が1回早く、2005年のことである。この時、小川34歳。玉木の初当選は政権交代選挙となった2009年の衆院選で、玉木40歳のときであった（**表12−1**）。

表 12―1　小川淳也・玉木雄一郎の衆院選獲得票数の推移

投票日	小川淳也			玉木雄一郎		
	当落	獲得票数	惜敗率	当落	獲得票数	惜敗率
2003 年 11 月 9 日	落	62,939	79. 37%			
2005 年 9 月 11 日	比例復活	91,461	88. 29%	落	70,177	69. 62%
2009 年 8 月 30 日	当	109,618		当	109,863	
2012 年 12 月 16 日	比例復活	63,114	75. 06%	当	79,153	
2014 年 12 月 14 日	比例復活	65,810	88. 79%	当	78,797	
2017 年 10 月 22 日	比例復活	79,383	97. 32%	当	82,345	
2021 年 10 月 31 日	当	90,267		当	94,530	
2024 年 10 月 27 日	当	82,549		当	89,899	

出所）香川県選挙管理委員会「せんきょの記録」附票より筆者作成

政権交代による鳩山由紀夫内閣で、総務省出身の小川は総務大臣政務官に抜擢され、順調な政治家人生を歩みだす。暗転するのは 2012 年以後である。自民党の壁に阻まれ、小川は比例復活での当選に甘んじ続ける。一方の玉木は、民主党への大逆風の中、小選挙区での当選を勝ち取る。この選挙の後、民主党副幹事長に起用されると、メディアへの露出も増え、2016 年 9 月の民進党代表選挙に立候補するに至る（当選したのは蓮舫）。当選回数で 1 回多い小川よりも玉木の方が、全国的知名度でも党内ポストでも、あきらかに上をいくようになる。その後、玉木は希望の党代表、国民民主党代表として今日に至っている。

2　「なぜ君は総理大臣になれないのか」の衝撃

小川淳也は政治家として、いつしか玉木に先を越されてしまった感があった。その小川が、2020 年、一躍注目の人となった。小川の政治家人生を追った記録映画が、異例のヒット作品となったからである。その映画は、大島新監督『なぜ君は総理大臣になれないのか（以下、なぜ君）』である。大島監督の妻が高松高校卒ということで、小川の 2003 年衆院選立候補からカメラを入れ、取材を重ねてきたのだという。

私はこの映画の存在を、高松西インターを降りたところにあるうどん店に置いてあったチラシで知った。保守王国の中の保守王国・愛媛では上映されない可能性を考え、新型コロナ禍で遠隔授業になったため香川県の実家に帰っていた大学の同僚と、わざわざ高松市まで観に出かけた。映画館は、小川の地元ということもあって、平日の昼間だというのに席がけっこう埋まっていた。

映画は期待を上回る出来栄えであった。理想の実現を求めて政治の世界に入ったはいいけれども、選挙の壁、党内的出世の壁にぶつかり、さらには政界再編の波に翻弄される政治家の現実が映し出される。よくこんなところまでカメラが入れたなと思うような小川の肉声を拾う場面もあれば、有権者に小川が罵倒される場面も挿入される。キネマ旬報ベストテン文化映画部門１位に選出されたのも納得の作品である。

一緒に見た同僚は目に涙を浮かべていた。子育て期終盤に入り、気をもむことも多い彼は、小川一家の家族愛に打たれたのだそうである。たしかに、小川のために選挙活動に勤しむ両親、小さな頃の思い出話をする一方で「娘です」のたすきがけでビラ配りをする娘たち、国会議員の家とは思えない質素な部屋で手料理を出す妻など、随所に小川の政治活動にまきこまれる家族の姿がはさまれ、小川の人柄を間接的に伝えている。フランシス・フォード・コッポラ監督の『ゴッドファーザー』がマフィア一家の家族の絆を描くことによって、単なるギャングの抗争映画を超える不朽の名作となったことを思い起こさせる。

しかし、ほんとうにこんな代議士がいるのであろうか。記録映画とはいえ、そこは作品である以上、演出、美化があり、格好よく描きすぎているのではないかと思い、小川をよく知る太田あゆみ高松市議に人物像を聞いてみると、「映画のままの人です」との即答であった。

松原耕二司会のBS-TBS「報道1930」では、随分好意的に『なぜ君』を扱っていた。また、これをきっかけに小川のメディア出演も増えた。関連本[(1)]までが刊行される勢いで、小川の全国的な知名度はあきらかに上がった。私の周りでも、小川に対する期待が一気に高まった。

3　平井家３代

この小川の前に立ちはだかるのが、３代にわたって国会議員を務める平井一族である。高松では、「平井王国」という表現を何度か聞いた。初代の平井太郎は、1950年から参議院議員連続4期当選で、郵政大臣、参議院副議長などを務めている。そのかたわら、地元香川で西日本放送会長、四国新聞社社長として事業を展開した。高松駅から栗林公園まで片側3車線の中央通りという高松市を象徴する道路が走っている。この中央分離帯には楠の並木があり、建設省などが制定した「日本の道100選」にも選ばれている。高齢の市民の中には、「太郎さんが楠を植えた」と語る人がいた。平井家の土台を築いたのが太郎である。

2代目の平井卓志は、太郎の女婿である。太郎死去にともなう1974年の参院補欠選挙で当選して以降、参院連続5回当選を果たし、労働大臣として入閣している。また、太郎同様、西日本放送社長、四国新聞社社長を務めている。

そして小川と香川1区で相まみえているのが3代目の平井卓也である。平井卓也は1958年生まれで、香川大学教育学部付属高松小学校・中学校で学んでいる。同じ小中学校に同時期在学していた人の話では、「みんな、(卓也の)お祖父さんが国会議員だということは知っていたが、特に目立つ存在ではなかった」とのことである。その後、高松第一高校を経て上智大に進んだ。岸田文雄前首相、麻生太郎自民党前副総裁、安倍晋三元首相、岸信夫元防衛相、福田達夫元総務会長などなど、2世議員、3世議員となると、地方選出の代議士といえども、東京で育ち、東京の学校を卒業している者が増える中、平井卓也の場合、一家が香川県で事業展開しているためか、高校まで地元の学校を卒業している。

平井卓也が初めて衆院選に挑んだのは、初の小選挙区比例代表並立制となった1996年の総選挙である。この時は新進党公認で立候補し落選を喫する。つづく2000年の総選挙において無所属で立候補し初当選を飾る。その後自民党に入党し、連続9回当選中である。初入閣は2018年で、第4次安倍改造内閣で内閣府特命担当大臣に就任した。再入閣が記憶に新しい菅義偉内閣でのデジタル改革担当大臣である。2021年9月1日にデジタル庁が発足すると、初代デジタル大臣に就任している。

昔の地方選出の自民党代議士の家業というと、池田隼人、竹下登、井出一太郎などに代表されるように造り酒屋が目立った。平井一族の事業は、中核に地方新聞と地方放送局をもつのが特徴であり、これがまた現代的でもある。平井卓也は、自称「四国のメディア王」である。一方で政治家としては、IT関連企業未公開株売り抜け問題、NEC恫喝問題、NTT接待問題と、胡散臭い話が絶えない。ということで、「四国のベルルスコーニ」の尊称を奉りたいところである。

今日、地方紙はどこも販売部数の減少に悩んでいる。そこで部数拡大のための宣伝として購読申込票付きの無料新聞が配布されることがある。四国新聞は、9月のデジタル庁発足を報じる新聞をお試しとしてバラまいたらしい。初代デジタル相は平井卓也である。こうなると、四国新聞の宣伝なのか、平井卓也の宣伝なのか、わからない。この手のことを大都市圏では「見え透いた手口」「あざといやり口」といい、四国では「一石二鳥」と呼ぶ。また衆院選が近づいた2021年10月に入って、高松市内の高校の授業で『なぜ君』を生徒に視聴させた教員がいたことが問題となった。このような出来事は、四国新聞による小川攻撃の格好の材料となってしまう。

香川のメディアを抑えているのに加えて、土建関係や商店主など、祖父以来の平井支持の固定票は厚い。しかし、前回選挙で2千票余りの差に迫られている上に、小川を主人公にした映画の公開である。今回の衆院選ばかりは平井陣営の危機感も強いようである。これまではなかった期日前投票への駆り出し指令が、平井周辺の業界に出ているとのことであった。お目付け役がおり、動員令に沿った活動をしたことを示さないとまずい、とは関係者の弁である。

4 小川陣営の明と暗

香川1区・2区に関しては、堤英敬・森道哉による政治学の専門研究が発表されている(2)。浮動票の多い1区での小川の選挙活動は、街頭演説や対話集会など有権者と直接接する直接動員型中心だという。農村的色彩が濃くなる2区での玉木の選挙活動は、直接動員型に加え、農業団体や商工関連団体からの支持を調達しようとする間接動員型も併用しているとされる。こうした玉木の選挙活動が野党にもかかわらず成立する背景には、祖父がかつての地区農協の幹部であったことや、大平正芳首相の娘婿で旧香川2区選出の代議士だった森田一の支援を受けたことが挙げられている。1区よりも農村的で保守地盤が厚い2

区で、玉木が安定的に小選挙区で当選していけるのは、このような保守層への浸透によるものと考えられる。

玉木とよく似た経歴の小川は、この家族的背景が異なる。自ら「パーマ屋のせがれ」というように、実家は美容院である。地盤もカバンもなく、0からの出発であった。しかし、母親の友人などを中心に熱烈な小川支持者の集まりである「じゅんじゅん会」を中核とし、映画の影響もあってNPOで活動している女性層が新たに小川支援の輪に加わっていると聞いた。

今回、小川は次の立憲民主党の党首選出馬を公約に掲げて立候補している。それには、小選挙区での当選が絶対条件になる。これまでのような比例復活では、党首選への立候補などおぼつかない。昨年からの追い風に乗って、小選挙区で当選を果たしたいところである。

しかしその一方で、民主党の県議会議員で小川の選対事務局長を務めてきた山本悟史が国民民主党に去った。『なぜ君』にもその姿が映し出されていた岡野朱理子県議は、2019年県議選で当選した直後、なんと自民党に加わる。さらに、かつての盟友である玉木の議員秘書経験者で、小川と面識がある町川順子が、維新の会公認候補として公示直前に香川1区での立候補を表明する。与野党1対1の対決構図を崩し、間接的に自民党を利することが危惧される。これでは「ゴッドファーザー」は「ゴッドファーザー」でも、次々と身内から離反されて孤独と苦悩の色を深めていくマイケル＝コルレオーネの姿を描いた『ゴッドファーザーPART Ⅱ』である。

5 中選挙区制と小選挙区制

中選挙区制時代の香川県は、高松市と東讃の1区と丸亀市を中心とした中讃・西讃の2区に分かれていて、それぞれ定数3であった。香川1区は、自民党結党後の1959年の総選挙以降、常に自民党2議席・社会党1議席を分け合っていた。野党第1党の社会党は香川にかぎらず、地方の3人区、4人区で複数の候補者を擁立することがなかった。自民党の批判票の受け皿として1議席を確保できる地位に安住していたといえる。社会党は、政権交代を目指す意欲も能力もなく、あらかじめ負け続けることが決まっていたわけである。政権交代が可能な制度として、小選挙区制が導入された所以である。

小選挙区制は、多様な国民の意見を少数の政党に集約する仕組みである。それゆえ、ここ 3 回の総選挙は、野党分裂の影響もあって、国民の支持をはるかに上回る過大な議席を自民党が獲得していた。一方で自民党にとっての小選挙区制は、有能だけれども地盤を世襲できない者を選挙区事情で迎え入れられなくしている。中選挙区制であったら、玉木は保守系無所属で立ち、その後自民党議員として活躍していた可能性が高い。自民党としても新しい血を入れて新陳代謝することが容易であったわけである。小選挙区制ゆえに、自民党は親伝来の選挙基盤を受け継いで当選回数を順調に重ねられる世襲議員主導の政党になってしまっている。そうした自民党に対し、今回、ようやく野党が統一して総選挙に臨もうという機運が高まった。その野党連合のまとめ役たらんとしているのが小川淳也である。一方は、今の自民党を象徴するような政治家の家系 3 代目の平井卓也である。選挙の行方は予断を許さない。対照的な 2 人が鎬を削る香川 1 区は、与野党対決の最前線といえる注目の選挙区となっている。

追　記

本章で取り上げた 2021 年 10 月の衆議院選挙において、小川淳也は小選挙区での当選を果たした。立憲民主党自体は獲得議席を減らし、枝野幸男が党代表を辞任した。同年 11 月に行われた代表選挙に、小川は逢坂誠二、泉健太、西村智奈美とともに立候補した。代表選挙で小川は 3 位となり、決選投票に残れなかった。党代表となった泉は、小川を政調会長に起用した。

2022 年 7 月の参院選でも、立憲民主党は議席を減らした。小川は責任をとる形で政調会長を辞任した。2024 年 9 月の代表選挙では、小川は野田佳彦の支持に回った。野田は新代表に当選し、小川は幹事長に就任した。直後の 10 月に行われた総選挙で、小川は小選挙区での当選を果たし、立憲民主党も 50 議席増の 148 議席を獲得した。

付　記

本章は、「与野党対決の最前線・総選挙香川１区――「パーマ屋のせがれ」対「四国のメディア王」」『現代の理論』デジタル版第28号（2021年）を加筆修正のうえ転載した。

注

1) 例えば、小川淳也・中原一歩『本当に君は総理大臣になれないのか』（講談社現代新書、2021年）など。
2) 堤英敬・森道哉「民主党候補者の選挙キャンペーンと競争環境」（白鳥浩編『政権交代選挙の政治学』ミネルヴァ書房、2010年）。

第 13 章

国民民主党と玉木雄一郎代表のゆくえ
——国政版自公民路線の成立か

1 三者三様だった四国の参院選

2022年の参院選挙が終わった。四国の3つの選挙区は、いずれも自民党候補が圧勝した。結果はともかく、そこに至る野党系候補者の擁立状況は三者三様であった。

愛媛選挙区は、元国家公安委員長の山本順三への対抗馬として、野党統一候補を擁立することができた。これは、3年前の参院選で野党統一候補として当選した永江孝子という現職参議院議員がいたことが大きかったのであろう。候補者となったのは、元アイドルタレントの高見知佳である。歌手でもあり俳優でもあった高見は、1982年公開の深作欣二監督『蒲田行進曲』に出演したことで知られている。しかし、芸能界の表舞台から遠ざかってから久しく、元アイドルと言われても、50歳以下の人になると知らない人がほとんどであった。

徳島・高知選挙区は、総務副大臣の中西祐介に対して、国民民主党（前田強）、共産党（松本顕治）の候補者が立候補した。野党共闘が形づくられる以前によくみられた図式に戻った形である。

さて、香川選挙区である。前年の総選挙では、香川1区で野党共闘が功を奏し、立憲民主党の小川淳也が初代デジタル大臣の平井卓也に競り勝って当選している。今度の参院選では共闘がどうなるか、立憲民主党政調会長となった小川と国民民主党代表の玉木雄一郎（衆院香川2区選出）との間で、どのような話し合いがなされるかが注目された。水面下で統一候補の名前が出されることもあったやに聞く。しかし、まとまらないうちに時間だけが過ぎていき、共産党は独自候補（石田真優）擁立に踏み切る。2022年3月末になって、立憲民主党（茂木邦夫）、国民民主党（三谷祥子）がそれぞれ候補者を発表した。日本維新の会は、昨年の衆院選に立候補した町川順子を立てた。結局、1人区に野党4党の候補者が乱立する選挙区となってしまった。選挙は、現職の官房副長官である磯崎仁彦が次点の三谷の3倍以上の得票で悠々と当選を果たした。野党の有力議員がいる県で、最も自民党を利する構図をつくってしまったことになる[(1)]。

そもそも国民民主党は、2021年10月の衆院選後、野党間の連携を目指すのではなく、自公連立政権寄りの姿勢を露わにするようになった。その極めつけが、2022年度政府予算案の賛成に回ったことである。「対決より解決」を掲げる国民民主党は、結局与党入りを狙っているのではないか、玉木代表自身が自民党入りを希望しているのではないか等々、様々な憶測を呼ぶことになった。こうしたことも、参院香川選挙区で野党統一候補が擁立できなかった原因の1つであろう。

野党共闘については、前回の衆院選の結果が出た後、野党共闘は失敗だった、立憲民主党は共産党と共闘したがゆえに比例区で票が逃げた、という種類の報道や分析が一斉に出回った。これは、野党を分断するための何かの陰謀であったのだろうか。今回の参院選からみると、むしろ比例の票が立憲民主党の実力で、野党共闘の結果、小選挙区における接戦区を勝ち切って議席を上積みできた、と表現した方が適切だったように思えてならない。自公政権にとっては、野党候補が複数立つよりも、野党候補一本化の方が脅威であるのはまちがいない。しかし、玉木はマスコミ報道の尻馬に乗り、野党共闘に対して非協力的な態度を貫き、野党間の分断を深めた。ゆえに、玉木代表は、2022年参院選における自民党議席伸長の「影の功労者」と言ってもさしつかえないだろう。

2　玉木雄一郎の軌跡

ここで、あらためて国民民主党代表・玉木雄一郎の歩みをふりかえってみよう。生まれは、香川県東部（いわゆる東讃）の寒川町（現・さぬき市）である。実家は、兼業農家だったという。香川県随一の進学校である高松高校から東京大学法学部へ進学し、1993年に大蔵省へ入省している。その後、2002年から内閣府へ出向して、行政改革担当大臣の秘書専門官に就くことになる。

この秘書専門官時代に、本格的に政界進出を考え始めたようである。玉木は、当初、自民党からの立候補を考えたとされる。事情通の話によると、この時、衆院の小選挙区で自民党候補の空白区が北海道にしかなく、あまりにも縁もゆかりもなさすぎるため、これを辞退したという。

玉木は、別の道を探ることになる。玉木は大臣秘書専門官として、2004年9月に発足した第2次小泉改造内閣の内閣府特命担当大臣（規制改革・産業再生機構担当）・村上誠一郎の知遇を得ていた。ちなみに村上は、玉木と同じ四国の愛媛2区選出で、この時当選6回であった。その後、当選回数は連続13回まで伸ばしている。一方で、2016年に『自民党ひとり良識派』（講談社現代新書）等を著している村上は、安倍晋三元総理の政権運営に批判的な言辞を向けた数少ない自民党政治家として知られている。それゆえか、入閣はこの1回だけ[(2)]で、党のめぼしい役職にも就いていない。安倍1強体制で最も割を食った自民党政治家の1人といっていいだろう。その村上誠一郎の妹は、民主党代表を務めた岡田克也の妻である。そうしたつながりから、玉木は村上を介して2005年の衆院選に民主党公認で地元の香川2区から立候補する運びになったという。

「郵政選挙」と呼ばれた2005年の衆院選は、準備期間が短すぎ、自民党現職の木村義雄に敗れて比例復活にも届かなかった。2009年の「政権交代選挙」で初当選を飾り、2012年の民主党が大敗した総選挙でも小選挙区を勝ち抜いた。2014年総選挙は、危なげなく3選を果たす。そして、はや3回生で2016年9月の民進党代表選挙に、蓮舫、前原誠司と並んで立候補する。この時は3位で落選するも、選挙後は幹事長代理に就任した。

2017年の「希望の党」騒動の総選挙では、希望の党公認で4選目を飾る。総選挙後の希望の党共同代表選挙で当選を果たし、直後に小池百合子が共同代表を辞任したため、単独の党代表となった。当選4回で、一党を率いる立場となったのである。

その後、民進党と希望の党が合流してできた国民民主党においても、党代表の座に就く。2020年になって、立憲民主党や国民民主党などの野党勢力の結集が試みられた。その際、玉木は合流しない道を選び、他の非合流組の議員で設立した新「国民民主党」の代表となった。大きな塊の一部となって自民党と対峙するよりも、小政党といえども代表として自由にふるまえる立場の方が好ましかったということであろう。これ以降、自民党への接近が図られるようになって、今日に至っている。

3　香川2区における玉木雄一郎

玉木雄一郎が党内の要職に早くから就き、党代表にも就任している理由は、当人の有能さはもちろんのこととして、選挙での強さも1つの大きな要因であろう。かつての民主党政権の首相や閣僚経験者である野田佳彦、菅直人、海江田万里、前原誠司、馬淵澄夫、原口一博、枝野幸男、玄葉光一郎、長妻昭、大畠章宏、松原仁や、立憲民主党の役職経験者である泉健太、西村智奈美、小川淳也、逢坂誠二でも、初当選以降に落選もしくは小選挙区落選比例復活の経験がある。ところが玉木は、どんなに逆風が吹こうと小選挙区を勝ち抜いている。玉木が選出されている香川2区は、高松市を取り巻く地域で形成されていて、農村部も広く含み、本来は保守地盤が厚いとされている選挙区である。それにもかかわらず、選挙での強さが際立つのである。

玉木の選挙での強さは、その保守層を取り込んでいるところにあると指摘されている。原動力となったのが、香川県出身の大平正芳元総理大臣の一族の支援を受けたことである。玉木自身、大平元首相の遠い親族にあたるという。大平元首相の娘婿で地盤を受け継いで衆院議員となった森田一は、坂出市出身である。坂出市は中讃地方の工業都市で、東讃出身の玉木とは縁の薄い地域なので、力強い支援となったことであろう。とりわけ、大平元首相の孫にあたる渡辺満子という女性が、熱心に玉木の応援をしたという[(3)]。

その上で、個人票が上乗せされているのも見逃せない。2009年総選挙時、地方テレビ局の報道記者をしていた知人の回顧談によると、玉木の演説場所では、ご婦人層が「男前がくるんだってえ」と、玉木が到着する前から浮き立っていたそうである。「木村義雄（自民党）とは、盛り上がり方が全く異なっていた」という。顔で入れているという妙齢の女性は、「玉木が自民党に行っても共産党に行っても、玉木に入れる」との妄言をのたまわっているそうだ。私自身、永江孝子参院議員に「自称イケメンの玉木は……」と話しかけたところ、間髪入れず「自称じゃないですよ、ほんとうにイケメンですよお」と返された経験がある。いずれにせよ、玉木個人に対する人気は、政党を移り変わっても選挙で当選を続けられる理由の１つである。

玉木の支援者は、「香川２区は自民党から共産党まで玉木支持だ」との弁で、「玉木党だから」と述べていた。玉木個人はともかく、国民民主党が自民党にすり寄り、予算案に賛成したことなどに対する批判はないのかという問いに対して、元総評の闘士ですら「地元では一切ない」と言い切っていた。「国民民主党がどうなろうと、（玉木は）今後10年は香川２区で勝ち続けられる」とのことであった。恐るべし、玉木人気である。

さすがに香川１区になると、玉木批判の声が聞こえてくる。「民主党時代の自民党批判の先頭に立っていたときはよかったけれど」というものである。

4　国民民主党のゆくえ

今回参院選で玉木代表率いる国民民主党はどのような結果を残したであろうか。国民民主党の最大の支持基盤は民間労組である。国民民主党の比例区候補として、ＵＡゼンセン（川合孝典）、自動車総連（浜口誠）、電力総連（竹詰仁）、電気連合（矢田稚子）と、４人の組織内候補が立候補していた。基幹労連（村田享子）は、本来、国民民主党の支持母体である。しかし、前回参院選で組織内候補を落としており、今回は絶対に落選させられないとして、立憲民主党から候補者を擁立していた。国民民主党としては、比例区４議席獲得が至上命題であった。選挙結果は、基幹労連は思惑通り村田を当選させることができた。一方、国民民主党の比例区獲得議席は3議席にとどまり、電機連合の現職・矢田が落選してしまった。当選した村田の個人名での得票は12万5,340票、一方の矢田は15万9,929票で、逆転現象が生じている。国民民主党にとっては頭の痛いところであろう。選挙区では、維新候補と接戦になった愛知で、現職の議席を確保できたことが大きかった。報道をみるかぎり、今のところ玉木代表に対して、党内から議席減の責任を問う声は出ていないようである。

さて、この先、国民民主党と玉木代表はどのような道を選択するのであろうか。玉木は、今回の参院選前に朝日新聞から「与党寄り」の政治行動を問いただすインタビューをされている。その締めくくりで「とにかく、いまは生き残りをかけて参院選を戦うということだけ。私が自民に行くことはない」と述べて終わっている（2022年5月12日付）。わざわざ「自民に行くことはない」と強調するところをみると、疑惑の目で見られているという自覚はあるようだ。そこで支持者に話を聞いてみると、やはり玉木の自民党入りはないとのことであった。それは、自民党二階派入りした細野豪志に対する反発や処遇をみているからだという。もし玉木が自民党入りしたら、細野以上の反発を受けることは必至であり、そのような行動には出ないとのことであった。一方で、香川2区では「玉木が自民党だったら、こんなにやりやすいことはないのに」という愚痴めいたものを、あちらこちらで聞くという。

玉木自身の自民党入りは難しいとして、国民民主党の立ち位置は今後どうなるのであろうか。その点で、自民党と国民民主党の関係を示す出来事が、参院選公示に先立って行われた日本記者クラブ主催の9党首討論会であったという。この討論会の第1部は、各党首が2回ずつ討論相手を指名する仕組みで行われた。岸田文雄首相は、第1回目の討論相手に国民民主党の玉木代表を指名している。支援者に言わせると、これは岸田首相の玉木に対する配慮なのだそうである。言われてみれば、たしかに野党第1党の立憲民主党・泉健太代表と論戦を交わすのが、政権担当者の通常のふるまいである。同じ与党公明党・山口那津男代表は、1回目の質問を立憲民主党に向けて放っている。岸田首相の異例のご指名は、玉木からしてみれば、ありがたくも見せ場をつくってもらったということになる。

自民党からの国民民主党に対する破格のサービスは、何を意味しているのであろうか。その背景にあるのは公明党だという。「下駄の雪」と揶揄されてきた公明党がここにきて独自の主張をする場面が目立つようになり、自民党としてはその牽制役を欲するようになったのだという。そういう段階で、宏池会出身の岸田首相が誕生したことは、宏池会の遺伝子[4]を受け継ぐ玉木にとって「ツキにめぐまれた」というのである。こうなってくると、あとは国民民主党がどういう契機で与党入りするかになる。

5　自公民体制の歴史は繰り返すか

振り返ってみると、公明党が連立政権入りしたのは、1999年のことである。だが、地方ではその20年以上も前から、自公が協力関係を築いていたのは周知のとおりである。1960年代後半以降、都市部を中心に次々と革新自治体が成立した。この都道府県政・市政を奪還するために自民党が採った戦略が、公明党・民社党との相乗り候補の擁立である。結果的にこれが功を奏し、革新自治体は減少の一途を辿った。1970年代後半から地方政治の場では自公民の選挙協力が常態化し、与党化が進んだ。こうした前史があるがゆえ、「国民民主党内には自民党との連立にアレルギーはない」とのことであった。

その後、さらに地方選挙では、自公民に社会党も加わったオール与党体制が現出することになる。その際、社会党が言い訳に用いた理屈が、「外交・安全保障政策がない地方政治には保革の基本的な対立がない」というものであった。

オール与党体制は、何をもたらしたか。東京都や大阪府の知事選挙では、毎回、知名度の高い候補者が現れてにぎやかにおこなわれているので、大都市ではあまり気づかれていないのかもしれない。地方の首長選は、つとに形骸化が進んでいる。香川県では平井城一が初当選した1986年の知事選以降、投票率が40%を超えたことがない。2018年、2022年の知事選は、ついに30%を切った。かつて前川忠夫革新県政[5]を成立させた香川県民にして、このていたらくである。高知県知事選挙にいたっては、2011年、2015年と2回連続して無投票である。

オール与党体制は、選挙における棄権の増大と有権者の政治への無関心化を招いている。仮に自公国連立政権が誕生して、与党へ与党へとなびく風潮が強まれば、国政においても有権者のとめどない政治離れが並行して生じるに違いない。後年、「22年体制」と呼ばれるのかどうか。もしそうした時代が招来したとすれば、時代を拓いた人物として玉木雄一郎は歴史に名をとどめるかもしれない。歴史に汚点を残すと表現すべきか。

追　記

結局、岸田内閣時には、国民民主党の連立内閣入りも、玉木雄一郎の入閣もなかった。岸田首相が退陣し、石破茂内閣が成立した直後に行われた2024年10月の衆議院議員選挙で、国民民主党は公示前の7議席から、一気に4倍増の28議席へと大躍進を遂げた。一方、衆院での過半数を失った自公政権の国会運営には、国民民主党の協力が不可欠となった。党代表の玉木は、一躍、時の人となった。好事魔が多し、その最中、玉木代表の不倫問題が発覚した。香川2区在住の妙齢の女性は、不倫報道に接し、大いに怒ったという。「なんで私と不倫してくれなかったのよ」と。恐るべし、玉木雄一郎。

付　記

本章は、「国政版自公民路線の成立を画策する――国民民主党と玉木雄一郎代表のゆくえ」『現代の理論』デジタル版第31号（2022年）を加筆修正のうえ転載した。

注

(1) 参院選に惜敗率という概念はないけれども、当選した自民候補に対する次点候補の得票の比率を計算してみると、愛媛54.3%、徳島・高知35.9%、香川29.9%であった。あたりまえのことだが、野党候補者が絞られるほど比率は上昇する。
(2) 村上誠一郎は、2024年10月に発足した石破茂内閣で総務大臣として2度目の入閣を果たした。
(3) 「2009年の夏頃から森田の娘が玉木の集会や個人演説会で応援弁士を務めるなど、選挙キャンペーンに加わっていたことである。彼女は、集会などで森田や大平を引き合いに出しながら、玉木への支持を訴えるとともに、かつての森田支援者らに挨拶にまわった」堤英敬・森道哉「民主党候補者の選挙キャンペーンと競争環境」（白鳥浩編『政権交代選挙の政治学』ミネルヴァ書房2010年p.52）参照。今回の取材でも、このことはよく聞いた。
(4) 言わずもがなながら、大平正芳元首相は宏池会の領袖であった。
(5) 前川忠夫は、香川大学長を務めた農学者。1974年から3回、香川県知事に当選した。

第 14 章

世にも珍しいローカルタレント対決
――2019 年参議院選挙愛媛選挙区：野党統一候補が制する

私は歴史の研究者でも何でもないのだが、同僚の歴史学者に頼まれて、高畠亀太郎という愛媛県宇和島市出身の政治家・実業家の日記の校訂を行った[(1)]。東京の文京区にある弥生美術館には、挿絵画家で大正時代に一世を風靡した高畠華宵の作品が収蔵されている。華宵は、亀太郎の実弟である。その日記の校訂も、最後の 1972 年まで終えることができた。

今を去ること半世紀前、亀太郎最晩年の 1968 年 7 月 7 日にも参議院選挙が行われている。全体としてみるとこの参院選は、自民党が前回並みの 69 議席を獲得する一方、社会党は 28 議席に落ち込み、その低落傾向を印象付けた選挙であった。それ以外に、今日の選挙に通ずる大きな変化が本格的に姿を現したのが、この参院選であった。その変化とは、タレント候補の登場である。

1968 年参院選全国区において 300 万票の大量得票でトップ当選したのが芥川賞作家の石原慎太郎（自民党）である。自民党は石原以外にも、毒舌でならした作家の今東光と東京オリンピック女子バレーボールチーム監督であった大松博文を擁立し、軒並み上位当選させている。また 2 位当選が「意地悪ばあさん」の青島幸男（無所属）で、同じく無所属で立候補した漫才師の横山ノックも当選している。

亀太郎は投票日の翌日である 7 月 8 日の日記に、「朝になって、堀本氏は三五二、八八六票と、社会党の上甲候補と十四万票大きく引離して当選と判明。

全国区の開票結果もテレビで順次報道されたが、夜遅くなって大勢自民党に有利、社会党の退潮がはっきりした。只本県出身の豊田氏の落選は遺憾、塩崎氏も惜敗した」と、苦々しそうに書きつけている。豊田とは豊田雅孝で東京帝国大卒の元商工官僚、塩崎とは塩崎潤でこちらも東京帝国大卒の元大蔵官僚であった。安倍晋三内閣で官房長官・厚労大臣を務めた塩崎恭久は、潤の実子である。タレント候補進出のあおりをくって、愛媛県出身の保守本流の候補者たちが落選の憂き目をみたのであった。

昭和の頃は、タレント候補は広すぎる選挙区で知名度が強力な武器になる参院全国区特有の現象と考えられていた。しかし、平成に入ると衆院の小選挙区や参院の選挙区で当選を果たすプロレスラーや元プロ野球選手も現れるようになった。さらには地方政治の場にもタレント政治家は進出するようになる。前出の青島、石原は東京都知事に、横山は大阪府知事にも就任している。四国では、1991年と、青島東京都知事、横山大阪府知事誕生よりも早い時期に元ＮＨＫキャスターの橋本大二郎が高知県知事に当選を果たしている。

現在の首長をみても、阿波踊り改革で物議をかもした遠藤彰良徳島市長が、地元テレビ局のアナウンサー出身である。松山市長の野志克仁も地元テレビ局のアナウンサー出身である。野志は永江孝子と２人で「もぎたてテレビ」という日曜昼放送の人気情報番組のキャスターを務め、２人とも県内で絶大な人気を博していた。野志も永江も、愛媛県民で知らない人はいないというぐらいの知名度の持ち主であった。

その愛媛県といえば、言わずと知れた「保守王国」である。東京の人が「保守王国」という言葉を口にするときは、「田舎」「利権政治家の巣窟」「後進的」「旧態依然」というような意味合いを言外に含ませて使用していると思われる。けしていい意味には使っていない、と思う。愛媛に住んでみると、地元の人たちが胸を張って「愛媛は保守王国だから」というのに戸惑いを覚えた。それって、いい意味に使う言葉なの、と。そして、自らが「誇る」とおり、選挙では自民党が圧倒的に強い。2009年の政権交代が起きた総選挙まで、衆議院の４つある小選挙区は自民党が独占していた。

その2009年の総選挙に民主党にくどかれて立候補したのが、くだんの永江孝子アナである。愛媛1区の自民党現職は、前出の塩崎恭久である。永江は単にお茶の間の人気者というだけではなく、企業内での女性の地位や雇用の在り方に問題意識を持っている人と認識されていたので、候補者として申し分なかった。逆に塩崎の危機感は相当のものだったと思われる。あの官房長官だった塩崎が夏祭り会場に姿を現したとか、大街道（松山の中心商店街）をにこやかに歩いて回っていた、と驚きの目撃情報が次々ともたらされたのを思い出す。

選挙期間中、民主党ブームに乗った上に個人としての人気もある永江優勢がずっと伝えられていた。塩崎も落選を覚悟したと、後で自ら述べていた。ふたを開けてみると、まさかの塩崎当選であった。まさに保守王国の地力をみせたというところであろうか。永江は比例復活での当選となった。

その後、2012年、2014年の衆院選挙で永江は塩崎に及ばず、比例復活もならなかった。永江個人の人気はまだあるので、落選を繰り返すたびに、「永江さんも選挙なんかに出ずに、アナウンサーをやっていればよかったのに」という声を、いたるところで聞いた。実際、永江は民主党を離れ、政治の舞台から降りたかのようにみえた。

前回2016年の参議院選挙では、リベラル系の市民団体が1人1万円の寄付という形で政治資金をコツコツと集め、反自民の候補者擁立に動いた。保守王国において自民党に勝てる可能性のある候補者となると、県内には永江しかいなかった。永江は、市民団体の要請を受け入れる形で立候補の決意を固め、選挙直前に出馬表明をする。準備期間がほとんどなかったのにもかかわらず、自民党現職の山本順三（後に国家公安委員長として入閣）を約8,000票差まで追い詰める結果となった。手ごたえをつかんだ永江は、そこから3年間、次を目指して愛媛県内を回って支持を訴え、各市町に後援会を立ち上げていった。

この参院選の翌年の2017年といえば、ご存じのとおり森友・加計問題で安倍政権が揺れ、その年の4月の東京都議会議員選挙において自民党は議席を前回から6割減らす大惨敗を喫した。安倍内閣は、10月に愛媛3区他で予定されていた3つの衆院補選の結果次第では、内閣総辞職もありうるという情勢であった。この補選直前の9月に「国難突破」という口実で、衆院解散を仕掛けられた。結局、小池百合子東京都知事が立ち上げた希望の党と民進党の合流騒ぎの中、自民党の大勝となってしまった。総選挙の中の１つの当落ということで埋没してしまったが、愛媛３区では白石洋一（民進→希望の党）が、自民党新人の白石寛樹を抑えて当選を果たしているのである。かえすがえす補選であったらと思わざるを得ないのだが。それはともかく、１年後、落選の白石寛樹は次の衆院選に不出馬を表明した。そこで、現職参議院議員で愛媛３区内の四国中央市出身の井原巧が鞍替え出馬する方向になった。

そうなると、次の参議院選挙に誰を自民党候補として擁立するのかという問題が浮上する。強敵永江が相手となると、なかなか出馬に踏み切ろうとする者が現れなかったようである。そうこうするうちに、自民党候補者として擁立されたのがローカルタレントのらくさぶろうであった。らくさぶろうは大洲市出身で、小さい頃に松山に転居している。松山東高校という県内トップレベルの高校を卒業していて、永江とは同窓生ということになる。地元の愛媛大学に進学して落語研究会に入ったのが、タレント活動の原点のようである。今回初めて知ったという人が愛媛でも多いのだが、全国的に活躍しているタレントの友近の相方をしていた時期があるそうである。その後、らくさぶろうは愛媛県内でタレントとして活躍する。女装して「らくおばちゃん」として現れたりし、愛媛県の人気者の１人である。らくさぶろう自身は、以前から政治に色気があったようで、2018年５月の大洲市長選でも出馬が取りざたされていた。

こうして、東京や大阪のような都市部ではなく、田舎で世にも稀なテレビの人気者対決が演じられることになった。ヘンテコならくおばちゃんの姿しかみたことがないので、「保守王国を自認する自民党愛媛県連は、もっとましな候補者を擁立できなかったのだろうか」と永江の支援者に聞いたところ、「もともと厚い保守地盤の組織票に、浮動票をもっていかれるので、井原巧が相手の方がよかった。永江さんもうかうかしていると危ない」との見通しを語った。

実際の選挙戦では、その保守地盤がなかなか１つに固まらなかったようである。伝聞であるが、とある同業者組合の全国組織の理事長を務めている人物が愛媛に在住しており、当然のことながららくさぶろう陣営から支援を求められた。その理事長のらくさぶろう評が「政治のことはなんにも知らんくせに、偉そうな」であり、らくさぶろう支援に力を入れなかったとのことである。動きが悪いので、塩崎元厚労相が理事長の自宅を訪問してきて、「総理の厳命です」と言って帰ったりもしたそうである。

有権者は、同じタレント候補といっても、地道な活動を続けてきた永江と、議員になって何をやりたいのかよくわからないらくさぶろうとの質の違いを感じ取ったのではないだろうか。2019年7月21日、午後8時に開票速報が始まるとすぐに、野党統一候補の先陣を切って「愛媛選挙区　当確　永江孝子（無所属）」の報が流れた。あまりに早すぎて拍子抜けしてしまった。選挙後、周囲の人や学生に聞いてみると、選挙区は永江へ、比例区は自民党へというクロス投票がかなりあったようである。残念ながら、愛媛で野党が支持を拡大したというわけではなさそうである。しかし、何はともあれ保守の牙城を崩すことができた。

さて、始めに述べたとおり、最初にタレント候補を選挙の目玉に使ったのは自民党であった。知名度による集票効果のみを期待して、政見があるわけではないタレントを候補者として擁立する選挙戦術は、マスコミなどからは批判的にみられてきたと思う。このとき、格闘家から歌手まで、ずらっと知名度の高い候補者を並べてみせたのが立憲民主党であったのは、なんともいえないところである。トランプ大統領は言うに及ばず、ロシアと緊張状態にあるウクライナにコメディアンの大統領が生まれるご時世である。これも民主制の一側面ではあろう。しかし永江孝子候補当選からみえるのは、風頼み、知名度頼りの空中戦ではなく、日常活動を通じた地上戦の大事さではないだろうか。保守系候補の戦術を「ドブ板」と馬鹿にしがちだが、それが彼らの強みでもあることを忘れてはならないだろう。

付　記

本章は、「世にも珍しいローカルタレント対決――参院選愛媛―野党統一候補が制する」『現代の理論』デジタル版第20号（2019年）を加筆修正のうえ転載した。

注

(1)『高畠亀太郎日記』全13巻は、松山大学総合研究所所報として刊行されている（1～6巻原文校閲 川東竫弘他、7～13巻原文校閲 市川虎彦）。

おわりに

東京在住の最後の頃、「松山大学に就職が決まりました」と知人に挨拶に行くと、「それじゃあ、坊っちゃんだね」と、何人もの人に言われたのを思い出す。坊っちゃんは、わずか１か月程度で「不浄の地」を去ったのだけれども、私はこの地に長々と暮らすことになった。この間、四国のあちらこちらに足をのばし、文章を書き連ねて、ここに至った。思いもよらないことではあったけれども、これも何かの縁というべきであろう。

縁と言えば、『現代の理論』デジタル版に執筆の機会を与えていただき、転載を快くお認めいただいた矢代俊三氏には、心より感謝申し上げます。また、「四国のことを何か書いてみませんか」とお誘いいただいた池田祥子先生にも同様に感謝申し上げます。同じようなことを大学の研究紀要に書いても何の反応もないのだけれども、『現代の理論』に拙稿が掲載されるようになってからは、時たま、マスコミからの取材も入るようになり、媒体の力の違いを改めて感じた次第です。ありがとうございました。

四国生まれの井上正夫松山大学教授には、取材の便宜を図っていただき、たいへんお世話になりました。ありがた迷惑かもしれませんが、お礼の言葉を申し上げます。また、個々のお名前は出しませんが、様々な話をお聞かせいただいた方々に、この場を借りて感謝の言葉を申し述べさせていただきます。

私のゼミでは、毎年、愛媛県内で調査票を用いた意識調査を行っている。学生たちは、サンプリング、発送作業、データ入力等を行うことになり、他のゼミとは異なる面倒さがあったと思う。そこで得られたデータも使用させてもらっている。調査に取り組んできた歴代のゼミ生と、いきなり届いた調査票にご回答いただいた多くの調査対象者の方々に、お礼申し上げます。

最後に、出版をお引き受けいただき、丁寧な編集作業をしていただいた上に、少し恥ずかしい惹句まで考えていただいた実生社・越道京子氏と、仲介の労を取っていただいた加藤光一先生にお礼申し上げます。

2024年12月

市川虎彦

著者紹介

市川　虎彦（いちかわ　とらひこ）

松山大学人文学部　教授

1962年長野県佐久市生まれ。

一橋大学大学院社会学研究科博士課程単位取得退学。

主要著作

『保守優位県の都市政治――愛媛県主要都市の市政と市長選』（晃洋書房、2011年）

『愛媛学を拓く』（共編、創風社出版、2019年）

『大学的愛媛ガイド――こだわりの歩き方』（共編、昭和堂、2020年）

松山大学研究叢書第117巻

四国はどうなる――地域社会学で見通す四国のゆくえ

2025年2月28日　初版第1刷発行

著　者　市川虎彦

発行者　越道京子

発行所　株式会社 実生社（みしょうしゃ）　〒603-8406 京都市北区大宮東小野堀町25番地1

TEL（075）285-3756

印　刷　創栄図書印刷株式会社

装　幀　野田和浩

ISBN 978-4-910686-15-8

卸売市場に希望はあるか

青果物流通の未来を考える

著：小暮宣文（農業ジャーナリスト）

本体2600円（税別）四六判 200頁 並製／978-4-910686-04-2

わが国の食と農は、どうあるべきか――かつてない困難に見舞われる青果物の流通業。
2020年に新卸売市場法が施行され、国は卸売市場の運営責任から手を離す荒療治に出た。中央卸売市場や地方卸売市場で営業する卸売業者らは厳しい財務状況下にあり、縁の下の力持ちとして国民の食生活を土台から支えてきた卸売市場の存続が危ぶまれている。

日本農業新聞の記者として青果物卸売市場や関係者を取材して歩いた著者が装飾せず現場を描き、卸売市場の役割を問い直し未来への方策を提言する。